劳罕 邢宇皓 卢泽华 常河 著

山这边，山那边

时代出版传媒股份有限公司
安徽人民出版社

伍员山

下吴村

洑家村

溧阳"1号公路"

引　言

江苏、安徽交界处的伍员山，是一座不大的山。山两边的两个小山村，分属江苏、安徽两个省。

两个村的自然条件基本相同。千百年来，村民同饮一溪水，共砍一山柴……

和很多山区的村落一样，受自然禀赋限制，在相当长的岁月里，尽管勤劳的村民们披星戴月、一颗汗珠摔八瓣地在这块土地上春耕夏耘，这两个小山村却始终走不出贫困的循环。

改革开放——这场伟大的社会变革，带动了两个村的历史性嬗变。先是安徽这边的下吴村，因率先实行了"大包干"，一举解决了吃饭问题，在两个村的第一轮竞争中，昂首走在了前面。

可是，"小富即安"的观念羁绊了下吴人前进的步履。而山那边江苏的洑家村，凭着解放思想，甩开膀子一下子超了过去。

之后，下吴人知耻而后勇，步子迈得更大，"噌噌噌"又走在了前面。接下来，又是洪家村的奋起直追……

1995年至今的近30年里，记者数次深入这两个山村，亲眼见证了山两边的你追我赶，先后发表了《山这边，山那边……》《三年再访山两边》《苏皖两个相邻山村的岁月嬗变》等多篇报道，真实记录了这段波澜曲折的发展历程。

因为脚上"沾满了泥土"，且与时代脉息相通，所以每一篇报道都在苏皖两省引起强烈反响：省委、省政府主要领导专门作出批示，掀起思想解放大讨论；两地几十年来持续"比学赶帮超"，助推了当地经济社会发展和乡村风尚转变……

瞧！同是这座山，同是这方水，在发展和转变中，山两边彻底走出了贫困的循环，让幸福的花朵开满了原隰衍沃。

同山两边一样，今天，中国各地的农村都已发生了翻天覆地的变化，往前走，原野青青，山花烂漫。但是，前进路上也会有沟坎要跨，有风霜要迎……

乡村振兴成为新的时代课题。写这本书，不只是回望来路，更希望透过苏皖这两个相邻山村几十年的沧桑历程，触摸新时代中国乡村振兴的脉搏。

没错！下吴村、洪家村，只是中国广袤大地上的两个普通小山村。两个村子发生的故事，算不上惊天动地，但我们相信，它们的故事，一定会镌刻在中国山乡巨变的史册中！

因为，两个山村有着中国农村共同的喜与悲、苦与乐，曲折与迷惘、奋斗与梦想。我们凝望这里的田垄，看到的，是中国农村的千顷新绿、万亩锦绣；我们流连这里的山水，领略到的，是中国农村的湖光山色、鸟语花香；我们分享这里农人的欢愉，体味到的，是亿万农人的孜矻稼穑、不负春光；我们用脚去一遍一遍丈量这片大地，笔尖流泻的，是中国共产党人带领群众改天换地的磅礴伟力……

就历史长河来看，几十年只是短暂的一瞬，但是，我们追踪的这几十年，绝不会像流星一样倏然而逝。它会在中国农村改革发展史上，如铁画银钩般留下浓重一痕！

这一痕，我们写进了这本书。这本书，是这个伟大时代的注脚……

目录

第一章

山东边的洑家村

伍员山东边的洑家村，改革开放前是远近闻名的"三不通"村——不通路、不通电、不通广播。1988年，洑家村新任村支书王海清铆足了劲想大干一场，带领村民将汩汩的温泉水源变成了财源。他还制定了股份合作制方案，对村里的林地统一经营，"高山栽松杉，缓坡种茶叶，房前屋后种果树，家家户户搞畜牧"。改革迸发的惊人活力，使洑家村成为先进典型，全国各地纷纷学习这里的"一个好班子、一条好路子、一个好法子"。

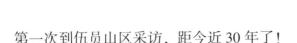

第一次到伍员山区采访，距今近 30 年了！

那是 1995 年夏，我在江苏采访时听说了这么一条新闻线索：位于苏皖两省交界处的伍员山有两个相邻的小山村，一个属于江苏，另一个属于安徽。两个村的自然条件基本相同，民俗相似，千百年来，村民同饮一溪水，共砍一山柴，过着差不多的日子。两个村都有温泉，可由于利用泉水方式不同，近些年，两村村民的日子也有了很大的不同。

职业的本能顿时让我对这条新闻线索有了极大的兴趣。我决定深入实地探究一番。

去前，我先做了一番功课，查阅了相关资料：伍员山，系天目山的余脉，相传因春秋名将伍员（字子胥）过昭关时途经这里而得名。新闻线索里提到的这两个山村，一个是江苏省溧阳市周城镇的洑家村，位于山的东边；另一个是安徽省郎溪县岗南乡的下吴村，位于山的西边。

当时，交通远没有现在便捷，我一大早从南京坐火车到了常州，再坐大半天公交车才到了溧阳，而从溧阳到伍员山区又是大半天。

洑家村离公路有相当长一段距离，下车后我顺着田间小道磕磕绊绊走了大半天才进了村。这时，天已经黑得透透的了。

曾经是个烂摊子

还好，村支书王海清就住在村头。没费多大劲，我就找到了他的家。

溧阳市委宣传部事先已和他通过电话，所以，刚走进院子，一条大黄狗吠了几声后，他便快步从屋里迎了出来："欢迎，欢迎！没想到你这么晚还赶了过来！以为今晚你会住在镇上呢。"

伸过来的是一双长满老茧的大手，粗硬的手指像铁铸一般。我借着屋里透出的灯光一看，此时的王海清四十出头，那张棱角分明的脸上已镌满了岁月的沟壑，眼角也有了深深的鱼尾纹，不过，说话底气十足，双目炯炯有神，充满了活力。

当晚，我就歇息在王海清家。

真没想到，一个村支书家的房子竟是这样破旧：三合土的地面坑坑洼洼，房子的四壁夯土筑就，房梁、檩条黑漆漆的，很有些年头了。堂屋的家具，除了那张八仙桌上了漆外，条凳和那几张小方凳竟都是白茬的。

王海清把我带到了最前面的一个房间，有些歉意地说："本来要盖新房的……这间条件稍好一点。平时我儿子住，他最近到上

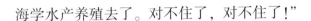

海学水产养殖去了。对不住了，对不住了！"

因为夜已深，我们没有来得及深聊，便各自休息了。那一夜给我印象最深的是，床头的地上有一个硕大的篾笼，上百只鸡雏叽叽喳喳叫了一晚。浓浓的鸡粪味儿直冲鼻腔，弄得我只好把头埋进了被子里。

第二天早上起床，堂屋里的早餐已摆好了。王海清的爱人热情地招呼我吃饭，说："海清想让你多睡一会儿。他一大早就带人去架电线了。"

匆匆吃过早餐，我便按照他爱人所指的方向朝村外走去。在一处陡坡上，王海清正和村民们拉着绳子竖一根水泥电线杆。他一边拿着一面小红旗指挥，一边喊着号子，表情严肃。

看来，这是一个很有威信的基层干部：大家的干劲都很足，现场井然有序。不一会儿，电线杆便竖好了。

看到我，王海清交代了工作，快步走了过来："听说你想了解温泉开发的事儿，走，现在就带你去！"

他骑上一辆很旧的凤凰牌自行车，拍拍后座，示意我坐上去。

伍员山由一个一个小山包组成，山顶、山腰长着一些杂木，山脚下是一片片不成形的小块梯田。洑家村居住很分散，村民的房舍零零碎碎分布在山坳的平地上。

土路高低不平，颠得屁股生疼。那辆破自行车除了铃铛不响，车身到处吱吱扭扭响个不停。我真担心，自行车会在路上罢了工。

可能看出了我的心思，王海清乐呵呵地说："放心，这车子皮实着呢，经常驮两三百斤的东西！"

在一处山包下，王海清停下了自行车："村里已开发的温泉在半山腰呢。爬山你行不行啊？用不用我拉着你？"

我当年还不到30岁，哪儿受得了他这番激将，跳下自行车"噔噔噔"走在了前面。

那条山间小径隐在树丛中，一会儿平、一会儿陡，一会儿直、一会儿弯。高高低低、曲曲直直攀爬了半个多小时，在我们眼前出现了一块凹地，凹地上空，荡着白蒙蒙的雾岚。

"瞧，那里就是温泉！"通往温泉的路面铺了石级。缘石级前行，竟有股湿乎乎的热气袭来。王海清边往前行边介绍："我们村的泉水金贵得很，就是在大冬天最冷的时候，水温也能保持在20℃以上。"

那片水面不大，也就两三亩，呈不规则的椭圆形，四周做了简单的硬化。水面的西缘，搭了几间竹结构的简易房，堆着些饲料和青草。

两个老汉正分别站在水塘的两边，往水里撒饲料。水面小虾在抢食，荡起一圈圈波纹。

我和王海清坐在水塘边的石凳上聊了起来。

"你们是怎么想到要搞温泉养殖的?"

"说起来,那已经是七年前的事情喽!"王海清点上一支烟,悠悠谈起了往事……

原来,伍员山在苏皖两省交界处,历史上是"两不管"的地方,山多林密,交通不便。村里乡亲们的祖辈大多是外地逃难来的,像王海清的先祖就来自河南。

这样的自然条件,躲得了兵匪,却躲不了贫困。祖祖辈辈都在为吃饱肚子苦苦挣扎。

解放后,党和政府非常关心山区的发展,村民的生活有了一定的改善,但日子一直过得紧巴巴的。

其实,山林也是宝贵资源。譬如,山上的毛竹、茶叶、黄麻、药材都是不可多得的好东西。可是在那个"以粮为纲"的年代,搞副业,会被指责为"经营方向不对头",动不动就会受到批判,甚至还可能被捆上一绳。洑家村老一辈的人都记得当时的这句顺口溜:"集体亏空社员穷,人心涣散怕务农。"

这一"穷",就是几十年。改革开放前,这里是远近闻名的"三不通"村——不通路、不通电、不通广播。全村1200多口人,散居在100多个山坡上。这些山坡,大部分是每亩一年只能割两担茅草的荒山;路,是坑坑洼洼的"阎王"路;房,是破败不堪的茅草房。村里人均年收入只有可怜巴巴的几十块钱。

当时，村民们宁肯偷着在深山里种山芋也不种其他粮食，因为山芋更能填饱肚子。

更让洑家村汉子们没面子的是，因为穷，村里的姑娘纷纷往外嫁。那时候，洑家村适婚男青年单身比例超过七成。

改革开放之后，苏锡常地区经济发展突飞猛进，可是作为常州所辖的溧阳县的洑家村，依然没有发展起来：村集体欠了好几万元外债。这几万元，在当时那就是座山。老百姓家家户户也都欠着超支款。当时的报纸上登了常州市和溧阳县两级政府列出的"脱贫帮扶"重点村名单，其中就有洑家村。

单说种田，洑家村确实没有优势。"七山二水一分田"，加上山区自然灾害多，能吃饱肚子已很不容易了。

20世纪80年代初，苏南乡镇企业兴起，许多村子都靠办企业富了起来。说起搞乡镇企业，洑家人一肚子苦水：村里先是建了一个淀粉厂，因经营不善，没几天就倒闭了。搞矿泉水，水质不达标，经营没几天也关门了。后来，村里先后办起了砂轮厂、磨具厂、冶炼厂等企业，前前后后投资了7万多元，最后，以亏损5万元收场。全村人勒紧裤腰带盖起的那几间厂房，倒的倒、塌的塌，只留下一堆破砖烂瓦。

经济搞不上去，娄子倒捅了不少——为了换几个钱，很多人

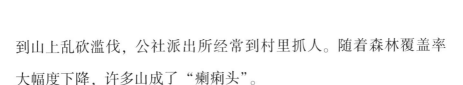

到山上乱砍滥伐，公社派出所经常到村里抓人。随着森林覆盖率大幅度下降，许多山成了"癞痢头"。

真应了"柴湿烟多，人穷气多"那句土话，那年头，好像人人都憋着一肚子气。越憋越胀！恶气往哪里撒呢？对准了村党支部。有人编排了这样的顺口溜："一间破房子，一张空架子，一副散班子，一个烂摊子。"

上级派出工作组来洑家村调研，帮助解决问题。洑家村为什么走不出贫困的怪圈？办企业为什么一次又一次失败？洑家村的真正出路在哪里？

经过多次讨论、摸排，给出的药方是：变山变水先变人。要拯救洑家村这个"烂摊子"，必须找到一个善经营、会管理、有技术的"能人"——一个能领着村民致富的"带头人"。

来了一个新支书

1988年暮春，一个风和日丽的下午，溧阳县周城镇温泉养殖场内，安徽、浙江等地赶来的批发商和常州本地的散客，一拨接一拨从场区院子里拥了出来。他们有的三两结队，搬着大袋的水产，放在三轮机动车的后斗里；有的拎着小包，打一个双环结，挂在自行车把上。这些人脸上带着憧憬的笑意，朝着各自的目的地走去……

一连几天，两个拎着公文包的男子都站在养殖场门外的树荫下，将这些开三轮车的、推自行车的人拦下来，和颜悦色地向他们问询着什么。

有时候，这两人还会来到养殖场仔细观察鱼塘里鱼虾的生长情况，并向场里的职工打听经营状况。

又是几天过去了，周城镇党委通知养殖场场长王海清到镇政府开会。会上宣布了一项人事任命：任命王海清同志为洑家村党支部书记。

原来，上次工作组回去后，周城镇党委和政府就一直在为洑家村寻找一位称职的带头人：先是到村里广泛听取了群众的意见，拉出一份长长的30多人的名单，筛来筛去，最终锁定了王海清；为慎重起见，又派出工作人员专程到养殖场了解经营状况。

王海清，是地地道道的洑家人。

人民公社时期，还很年轻的他，就是村里老少公认的能人，不但耕、耩、锄、耪是一把好手，割麦、扬场、插秧、脱稻样样精通。更可贵的是，这个年轻人身上有一股不怕吃苦、甘于奉献的精神。逢上苦活、累活，他总会冲在最前头：夏天收麦打场，别人扛一袋小麦，他扛两袋；冬天清塘挖渠，属他的土筐装得最满。有一年劈山造田，每天他比别人早一小时到工地。一个冬天，手里的榆木把镢头愣是被他用坏了三把！洑家村夏天防汛任务很重，防汛青年突击队里，每次都少不了他。

然而，一年到头辛勤劳作，并没有改变洑家村的面貌，村民们日复一日开山治山，到头来变成了怨山恨山。问题究竟出在哪里？村民们想不明白，能人王海清绞尽脑汁也没弄明白。

个人想不明白的事儿，风云际会的时代给出了一个答案。改革开放的春风拂遍了神州大地，政策放宽了，市场激活了，人员流动更顺畅了，头脑活泛的王海清突然有些明白了，一下子觉得天高地阔。

他率先走出山村到外地闯荡：到上海近郊学习了温泉养殖技术，又跟着一个温州老板学了几年经营和管理，还到苏州、常州的大商场打工，摸清了水产品的销售渠道。等回到镇里时，这个当年青涩稚嫩的小伙子，已被这些年的经历磨砺成了一个成熟睿智的汉子。

这样的能人，在当时百业待兴的农村何其抢手！王海清被镇温泉养殖场挖去，不出几年，就当上了场长。

凭着灵活的头脑和开山辟路的闯劲儿，王海清执掌的养殖场效益直线蹿升，他的个人收入也芝麻开花节节高，小日子过得有滋有味。

所以，当镇党委宣布这项人事任命时，王海清一时有些发蒙，半天回不过神儿来。

见状，镇领导面色严峻地走到他跟前，拍了拍他厚实的肩膀，说："海清，改革开放已经这么多年了，周围的村子日子一天比一天好。可你们狄家村还没有摆脱贫困，每次镇里排名总是垫底。你没有发现吗？开会的时候，狄家村的干部老是往后面坐，耷拉着脑袋缩在角落里。你是狄家村出来的，忍心看这种情况继续下去吗？"

血，一下子涌上了王海清的脑门儿。

镇领导趁热打铁，接着激他："海清啊，当然，狄家村那就是个苦地方，要什么没什么，谁去了也不管用。都说你王海清是能人，其实啊，徒有虚名，我们也早有了思想准备，知道你不敢接。"

"不敢接？请组织马上办手续，我这就去！"王海清腾地站了起来。

"海清啊，你可要想好了，当村支书，收入可能连你现在的零头都不到。"

王海清掷地有声地撂出这么一句："我受党教育了这么多年，还没有这点觉悟？开弓没有回头箭！"

其实，这些年，他也一直在思考着浃家村的发展路径。对村里的情况，他再熟悉不过了，优势劣势，他心里清清楚楚。

打定主意回村，王海清铆足了劲准备大干一场。

1988 年 6 月，镇里关于王海清担任浃家村党支部书记的任命下来了。一直被蒙在鼓里的妻子知道后，气得和他大闹一场："好不容易过上几天安耽日子，你哪根筋搭错了？"

对于妻子的闹，他早有心理准备。面对妻子的责难，王海清一声不吭地赔着笑脸。

妻子也不是不明事理的人，她是心疼自家的男人啊："不是心馋你那场长的高工资。只是村里的事，你不清楚吗？前面落下了那么多亏空，什么时候能填得上？再说，村里那几个'杠子头'，哪个你惹得起？回村里，有你的苦头吃！"

王海清还是义无反顾地回来了！

爱人赌气不管他。儿子也不来帮忙。他自己收拾好行装，驾着一辆机动三轮车，踏上了回村的路。

听说今天王海清要回来上任，村里的人怀着复杂的心情聚在村头。有几个调皮捣蛋惯了的，看到车子便迎了上去。

一个留着长头发的青年挡在了三轮车前："哟！王大支书，听说你要带着我们发大财了，先让我发点小财行不行？听说养殖场工资挺高。你连高工资都不要了，肯定是钱多得没处花了，借我

20 块怎么样？让我买两包'红牡丹'抽抽。"

另一个中年人也凑过来说："看来啊，还是当村支书的油水儿更大。要不，人家海清这么聪明的人，回村干什么？昨天晚上，我就想啊想啊，终于想明白了——包田、批宅基地、以工代赈，哪一个都能赚不少外快啊！"

"是啊，是啊！无利不起早啊……"

也有村民不这么看。一位老汉说："你们不要在这里胡说八道。海清，我看着长大的，有本事，人也正派，回村，是真的想干点事的。"

"狄家人不笨也不懒，就是缺一个好的带头人。老话儿说得好：'人心隔肚皮，看人看实际'。海清呀，你做出个样子让大家看看！"

王海清什么也没说，静静地听着乡亲们发表各种意见。等大家都说完了，他平静地说了这么一句话："希望过两年，乡亲们能这样评价——组织上没有看错王海清！"

转观念初试锋芒

走马上任，王海清没有急于召开声势浩大的村民大会，也没

有发表激情澎湃的就职演说。回村第一天，他就和几个年轻人一起勘探家乡山间的温泉。

说起温泉，伍员山附近的村民都不陌生。房前屋后，冒着热气汩汩外涌的清流，早为他们司空见惯。洗澡、洗衣、涮马桶，这里是好地方。花开花落，年复一年，清泉汩汩地淌、静静地流，没有人过多地关注过它。

但当过温泉养殖场场长的王海清知道，这是水源，更是财源。

他先因势利导：村里冬天青饲料缺乏，能不能用温泉养些越冬饲草呢？他带着村民试养了水浮莲、水花生和浮萍。结果，这年入冬时，全村的饲料问题解决了。

村民这下有点明白了：温泉用好了，真的可以增收。

王海清顺势抛出问题：如果在温泉里养殖反季节的水产品，效益岂不更高？

村委会请来上海水产研究所的专家对泉水进行化验分析，专家们的回答令他们惊喜：这里的水质、水温最适合罗氏沼虾的繁育生长。这种虾存活的最低温度是15℃，而即使在严冬，这里的温泉水温也在20℃以上。

罗氏沼虾壳软肉实，蛋白质含量尤高。烹饪后，虾头金黄锃亮，剥开虾壳，丰厚鲜红的虾膏令人垂涎欲滴。它是各大饭店的紧俏货，1公斤罗氏沼虾市面上可卖七八十元。

七八十元是什么概念？按照当时物价，可以买到 200 多公斤大米、20 多公斤猪肉！

王海清和村民们高兴坏了！他们立即找了一块最大的水面，垒起了一块水泥池，从上海水产研究所买来虾苗进行试验。

多次试验之后，虾苗终于成活了。年底，不光是溧阳，连常州、无锡的酒店都卖上了洑家村的罗氏沼虾。随着罗氏沼虾俏销，村民的日子也一天天好起来。

1993 年，洑家村在已有的温泉养殖业务的基础上，兴办了溧阳市金山温泉特种养殖股份有限公司。

这是江苏省首家农业股份合作制企业。企业组建的第二年，洑家村繁育的水产就远销苏浙皖沪及黑龙江、海南等地。小小洑家村，成为华东地区最大的罗氏沼虾繁殖基地。以罗氏沼虾为产业龙头，他们又利用温泉搞起了埃及革胡子鲶、美国加州鲈鱼、淡水白鲳等养殖项目。1994 年，仅水产品一项，村民人均年收入就达到 1850 元。

在搞温泉养殖的同时，王海清还看上了村后那 1 万亩山林。

洑家村耕地面积有限，但山林面积很大，达 10652 亩。其中，6500 多亩是荒山。

他认为，过去洑家村的种种探索之所以失败，症结就在于没有走出一条符合实际的路子。拿这 1 万多亩山林来说，用不好，它

是秃岭荒山，用好了，它就是绿色银行！

于是，王海清提出了"三年大变化，五年翻两番"的治山规划：利用荒山发展营造 2000 亩用材林、4000 亩经济林，力争在三年至五年让村民收入再上台阶。

对于他的这一设想，村民们的反应却相当冷淡。

多少年来，伍员山上生长着的净是些马尾松之类的次生林，除了给人们提供柴薪，基本派不上什么用场。这地方能生钱？村民们不信。

为了统一思想，村党支部召开了村民大会。

台上的王海清讲得激情满怀，台下的反应却很淡漠。有人甚至唱起了反调："莫再东扯葫芦西扯瓢了。开荒山？是傻子才肯做的事！人民公社时期，天天喊着学大寨，向荒山要粮，可折腾了好多年，又折腾出了个什么？那几百个小土坡就是一口口无底洞，把咱村全部家当都扔进去，也不见得听着个响儿！"

有人提了另外一个建议："往山里撒钱，不如鼻头管冒烟（烧窑）。你看人家别的村，一个月哗哗进账上万块，我们也跟着搞嘛！兴他们搞，为什么就不兴我们搞？什么？污染环境？政府要罚就罚嘛！只要赚的比罚的多，管它呢！"

有人在底下小声咬耳朵："瞧见了吧！王海清肯定没安什么好心。我就说，当初放着养殖场的高薪不要，非要回来当支书，他是冲着政府开发荒山的补贴款来的！"

…………

听着台下的反对意见，王海清没有退缩，反而将腰杆挺得更直。多年后，回忆起当年那一幕，他还是乐呵呵的："既然回来了，就有了心理准备，万事开头难，改变人们头脑里的旧观念，肯定不容易。如果别人一反对就退缩，那就什么也干不成了。"

带着这种乐观主义精神，王海清花了一个多月时间，不分白天黑夜地登门做群众的思想工作，给山里人讲外面的世界，帮他们一笔一笔算经济账，传致富经，与村民条分缕析"三年目标"的可行性……

为了打消村民的疑虑，王海清还请来县林副业局和土地管理局的专家，量面积、看土色、做记录，踏遍了全村大大小小 117 个山头，将村辖山地的土壤结构进行了全面调查，因地制宜地绘制了土地综合开发规划图：高山栽松杉，缓坡种茶叶，房前屋后种果树，家家户户搞畜牧。

带着这张权威部门绘制的规划图，王海清跑穿了鞋底子，磨破了嘴皮子，终于得到了村民们的理解和支持。

党员干部冲在前

王海清带领全村村民向荒山发起了挑战。

这场"攻坚战"，要想收到实效，必须动员群众广泛参与。而要想群众行动起来，干部必须起带头作用。

洑家村党支部制定了"三个一"工作制：全体党员干部"思想上要一尘不染，工作中要多吃一点亏，要千方百计为民多谋一点利"。

王海清以身作则，将自己的铺盖卷搬到了村党支部办公室。刨坑、挑水、栽树，他丝毫不输给二十几岁的年轻人。他得了一个"夜游神"的绰号，在镇上开会或到县里出差，即使半夜三更也要赶回山上的简易值班室，穿上套鞋，拿上手电，一个一个山头检查白天植树的情况。看到哪棵树没有浇透水，他会拎起水桶一棵一棵补上。大半夜，人们如果发现山头上有忽明忽暗的手电筒光，就知道，是王支书又在侍弄他的"心肝宝贝"呢。

有一次，他拎水往山上走时，一脚踩空，骨碌碌滚下了山坡，身上擦伤了好几处，疼得他好多天下不了地。妻子心疼得直抹眼泪。

有王海清带头，党员干部谁也不甘示弱：植树任务，大家都按照普通村民的两到三倍去完成。经常看到这种情况：村民们已经休息了，党员干部还带着妻儿老小在山坡上忙活。

王海清上任时，曾在村民大会上说过这么一句话："集体不富，当干部的不是好干部；群众不富，做党员的不是好党员。"他把自己家经营的小店、蘑菇房、养鸡场一一关闭。村干部也都约法三章：经济上不贪占，烟酒赌不沾边，群众婚丧嫁娶不吃请。

打从新班子成立后，他们从没在老百姓家吃过一顿饭、喝过一次酒。

好作风让村干部获得了群众的信任。这种信任激发出了村民们的精气神，个个铆足劲儿往前冲。

村民黄明喜回忆，那时候几乎没有机械，开荒、种茶，用的都是人力："不论种茶还是栽树，村民都是义务劳动。没有工钱，中午就补贴两毛钱的伙食费，村里统一买点豆腐、猪肉，炖成一大锅，大家蹲在树坑边一起吃。众人种树树成林，大家栽花花才香。日子是苦了点儿，但大家伙儿心里都特别有盼头。"

挥锹一个冬春，村民们开垦出590亩荒山，种上了茶树、板栗，复垦了100亩几乎荒废的茶园。接着，又修起了配套工程：水库、水塘、机耕路、环村路……这些洑家人栉风沐雨打拼下来的"家当"，多少年后，依然无声地造福着一代代村民……

"小股份"撬动"大改革"

尝到了甜头，王海清哪里肯满足。他心里在憋着一个大招——把村里的荒山全部开发出来。

荒山前期开发，用的是溧阳县下发的开发荒山补贴。590 亩荒山开发任务完成后，补贴款已告罄。

扩大开发面积，首先要解决开发资金问题。资金从哪里来？

苦思冥想了一个又一个夜晚，王海清想到了股份合作制这个方法。

那时候，在市场经济思潮的影响下，有一些地方已经开始借鉴工业企业的管理经验搞山林开发。其主要目的，是改变过去"副业队""开而不发"的陈旧模式，适应市场经济条件下农业发展的规律。一时间，关于"多元投入""股份开发""集约经营"的呼声不绝于耳，但如何"多元"、如何"分股"、如何"集约"，大家尚未蹚出一条成熟的路子来。

路是走出来的，办法是逼出来的。过去几十年屡战屡败、屡败屡战的洑家村被逼着又展开了新探索。

这种探索，有可能失败，甚至血本无归。王海清打定了主意：

如果血本无归，就先从我王海清开始。

他的大体思路是这样的：采取一种新的方式，用股份合作制开发荒山。有钱的出钱，没钱的出力。

他找其他几位村干部商量，分析了种种可能性，告诫大家：因为没有尝试过，可能会有很大的风险。"我王海清是豁出去了，你们几位量力而行吧。"

没想到，大家的意见空前统一："干，一起干！你王海清能豁出去，我们为什么就不能豁出去?!"

经过一次又一次讨论，洑家村制定出了一套完整的股份合作制方案。总体原则是：入股自愿，股权平等，利益共享，风险共担，按劳分配与按股分红相结合。由镇、村、组三级组成资产评估小组，按土地、劳力、资金、技术、无形资产等统一作价入股。譬如：可以拿现金入股，没钱的可拿山地、苗木入股，猪、羊、鸡、鸭的粪便也可折成股份，甚至挖 100 个树坑、交 50 担农家肥也可算 1 股。

这种股份合作制方法，以前从没有尝试过。大会小会反复动员，可不少人仍在观望。又是王海清率先站了出来，把家里的1200 元存款悉数从银行取了出来入股。

为了坚定村民们的信心，王海清又将积攒了 10 多年的准备盖房的木料变卖了 3000 多元，全部入了股。几个村干部也纷纷响应。

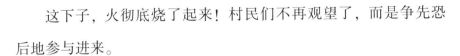

这下子，火彻底烧了起来！村民们不再观望了，而是争先恐后地参与进来。

这种"农业股份合作制"的模式，在当时可以说是石破天惊之举。几年后，专家这样解读洑家村的"农业股份合作制"：针对丘陵山区开发面广量大、一家一户难开发、缺乏市场竞争力的问题，洑家村搞起股份合作制开发，建立了一种新的土地流转机制——有偿转让土地经营权，将农户的承包地由户到村有偿转让，然后建立企业性质的林果场、茶场等，以此突破山区开发中土地、劳力、资金、技术等生产要素分割的状况，既解决了"分山到户"与规模开发的矛盾，又解决了开发资金紧缺的问题。

"村民入股投资，壮劳力管理茶园和制作茶叶，其他人员采茶叶，资金问题解决了，开荒问题解决了，还解决了全村五分之二人员的就业问题。"谈起当年"一举三得"的创意，王海清现在还不无得意。

就这样，从1989年开始，6500亩林地由洑家村集体统一经营。村里按照企业化管理的要求，组建了林场、茶场、板栗场、药材场、食用菌场、温泉养殖场等6个"绿色企业"，建成了茶叶、板栗、果树、药材、林木、蚕桑、水产、畜禽、食用菌等九大商品基地。村委会下设多个管理组，组员全部是来自本村经济合作社的社员。村对各种植场行使管理责任，场对组实行按组考核，全村实行多劳多得的工分制分配办法。

改革迸发的活力是惊人的。这个加快丘陵山区开发、靠市场化管理的构想，似春风化雨绿透了这里的山山岭岭，也打破了人们的传统思维，新观念产生了新动能。

在王海清的记忆里，开发荒山第一年就赚了2万块钱——这是洑家村集体收入的"第一桶金"。

村里没有把这笔钱用于吃喝接待，而是作为本金，让第一桶金接连滚出了第二桶、第三桶……靠着"滚动开发"，不出3年，洑家村的山坡上，就种满了茶叶、板栗、中药材和食用菌。6500亩的荒山得到了彻底改造，建成了杉木林、国外松、茶叶、板栗、桑园等5个1000多亩连片种植的高标准商品基地，117座山头真正变成了117座"绿色银行"！

改造荒山秃岭，洑家村交出了一份惊人的成绩单——

1991年，村集体经营收入42.7万元，纯利润16.2万元；村生产性固定资产13.2万元，比1988年增长6.3倍。

1992年，村集体经营收入110万元，比1987年增长69倍；村生产性固定资产87万元，同比增长6.6倍！

…………

指数级的收入增长，让村民生活发生了巨大改变——村里建起了一座座二层小楼，许多家庭添置了冰箱、彩电。村里还率先实行了合作医疗制度：农户到村治病，只收取挂号费，到镇级以上医院治疗，还能享受部分补贴。

此时，王海清实实在在兑现了当初的诺言——汩汩漫涌的温泉靠养殖淌出了"真金白银"，荒山秃岭靠种植药材、茶叶变成了"聚宝盆"……㳀家村，从一个"穷窝窝"成为远近闻名的"富裕村"。

此时的溧阳县已改为溧阳市。全市大力推广㳀家村股份合作制开发的经验，瞄准全市 43 万亩山地，建立了油菜、茶叶、蚕茧、板栗、竹木、瓜果等多个特色产品基地。

溧阳市还在总结㳀家村经验的基础上，制定了农业股份合作制的具体章程和操作步骤，通过股份合作形式，打破所有制和社区界限，将土地、劳力、物资作价入股，集聚财物，较好地解决了土地分散、集约经营、资金不足、大量投工等农业面临的主要问题。

到了 1996 年，全市兴办股份合作制企业 50 多家，总股金超亿元，开发山林 3 万多亩。国务院把溧阳采用股份合作制开发荒山的经验向全国推广，全国丘陵山区综合开发培训班在溧阳举办。

这一系列的成功，使㳀家村及王海清名声大噪，㳀家村党支部相继荣获"溧阳市红旗村党支部""全国红旗村党支部""全国农村基层组织建设工作先进党支部"等称号。王海清本人也被评为全国劳动模范、常州市优秀共产党员。

组织部门对狄家村党支部的评价是："一个好班子、一条好路子、一个好法子。"

第二章

山西边的下吴村

　　伍员山西边的下吴村也曾辉煌过。20世纪80年代初，下吴村率先实行家庭联产承包责任制，日子比洑家村过得好。可是小富即安的思想，让下吴村与洑家村的差距越拉越大。事实证明，观念更新得快，经济发展就快，观念能够生"金"。面对江苏省洑家村取得的巨大成绩，安徽省委、省政府作出批示，进行思想解放大讨论。"变压力为动力，转思路找出路"，下吴村立下军令状，誓要赶超洑家村。

这里也曾有辉煌

在洑家村调研完毕，我又来到了山西边的下吴村。

从伍员山半山腰望去，平缓的丘谷中，洑家村和下吴村阡陌相连，金黄色的稻子长势正旺，看来又会是一个丰收年。

那天，走进下吴村时，正逢豪雨初歇，山岚雾气氤氲，田沟里流水淙淙。下吴村比洑家村面积大，人口也比洑家村多，村民同样是稀稀落落散居在一座座小山包脚下。

村里很安静，偶尔能听到一两声狗吠、鸡鸣。连续走进几座小院，均是虚掩着房门，屋里却没有人。

与洑家村相比，这里好像落后了一个时代：大多还是土坯房，有的甚至是茅草屋顶；院坝，很少有硬化的，里面杂乱无章地堆积着柴草、农具。

终于，在一方塘坝边，我见到了一位披蓑戴笠的老汉在涮粪桶。

见有陌生人走来，老汉很热情："外面来的？家里坐坐？"

我给老人敬上一支烟。老人把烟夹在耳后，笑眯眯地说："走，喝杯水、喝杯水。屋里有新炒的茶叶。"

"老人家，村里有没有温泉？"我问他。

"温泉？"老人想了一下，突然拍拍脑壳，指了指前方翻水泡的地方，"这不就是嘛！"

"你们就用来涮马桶啊？"

老人愣了一下，说："哦，不光涮马桶，还可以洗衣服、洗浴。寒冬腊月，水一点也不冷。"

"温泉可用来搞越冬水产品养殖，你们知道吗？"

"听说过。狄家村那边就在搞。"他漫不经心地回答。

"你们为什么不搞呢？"

"我们只会种地，不会侍弄那东西。听说麻烦得很，这个饲料啦，那个配方啦，搞不好一个晚上虾苗就全死光了。"

这时，几个村民扛着农具从地里回来了。我把养虾的话题说给他们听，也想听听他们的意见。

大家互相对望了一眼。有一位老者说："养虾？没有想过。养猪，养牛，养鸡，养鸭，倒是家家户户都干过。"他想了想又说："哦，对了！前几年我还养过几只兔子，是那种毛茸茸的长毛兔，也没赚下什么钱。"

另一个中年农民说得很干脆："现在够吃够穿，费那劲干什么！"

费劲与不费劲带来什么样的结果呢？我来前曾查过资料：

1994 年，洑家村户户都按股分了红，人均收入 3520 元，而下吴村人均收入才刚过千元。

追溯起来，下吴村也曾有过辉煌。20 世纪 80 年代初，当洑家人还被"大锅饭"搞得饥肠辘辘的时候，下吴人已率先实行了家庭联产承包责任制。

那次，我夜宿下吴村，听村支书向领兵对当年"大包干"的做法进行了复盘："听说凤阳小岗那边悄悄搞了分田到户，人们吃饱了肚子。几个村干部私下里就商量，我们是不是也偷偷搞起来？当年这么做，可是要承担风险哟。"

凭着那股豁出去的劲头，先是队对组定劳力、定土地、定耕牛和农具，组向队包计划、包征购、包积累、包提留。这个办法使集体生产的好坏、产量的高低同社员的物质利益直接联系起来，因而把社员的心拴住了，一些外流的社员也纷纷回到生产队种起了田。

实行分田到户的当天，生产队实际上也就解散了，村集体的农用工具相应地分到了每家每户。

大家伙儿各有各的"主场"，种田的干劲一下子就上来了。向领兵举出一个细节："搞村集体经济的时候，田埂边上的杂草随便踩一下就了事。分田到户后，大家都要用小锄头把杂草挖出来再扔掉，害怕下雨杂草复活，挖出来后，还把根儿揪掉。"

"过去只记'大概工'，干活不讲质量，你混我混都在混，每年劳动究竟能分多少，谁心里也没底，干着能有劲儿吗？现在包产到户，任务明确，种多少，收多少，卖给国家多少，自己能得多少，心里清清楚楚，多劳就能多得，有奔头干活就有劲头。"向领兵认为实行"大包干"的好处是显而易见的。

果然，党的政策像一把金钥匙，打开了山区发展的大门。实行"大包干"后，向领兵家第一年便有了余粮。"当时家里的仓库都装满了，我们顿顿都能吃上饱饭。"

过去，下吴村不时可见大面积平坦的荒地，不种庄稼只长野草，远远望去，犹如飞机起飞降落的宽广跑道，因此当地的群众都管这成片荒地叫"飞机场"。实行大包干后，不用谁去动员，撂荒地和"四边地"（宅边、路边、河边、山边）都种上了庄稼。

向领兵回忆："从此开始吃细粮。村里向国家交的公粮比之前一年总共打的粮食还多哩！"

下吴村率先解决了吃饭问题，让山那边的洑家村好生羡慕，姑娘们纷纷往下吴村嫁。

下吴村村民夏宗英讲了这样一段往事："我母亲就是从山那边的洑家村嫁过来的。那是下吴村实行家庭联产承包责任制不久，母亲本来谈了一个本村的小伙子，可我姥爷不同意，非要托人给母亲在下吴村说了一门亲事。母亲拗着不肯过去，和姥爷争执起来，姥爷只说了一句话——山那边有柴烧、有饭吃。"

"谁说不是呢！我们这边包产到户动手早，粮食丰收了，可不能光顾着自己，下吴人惦记着山那边呢！村里每年都借给洑家村七八万斤的口粮。"向领兵说。

上了年纪的下吴人都有过当年推着吱吱响的鸡公车往山对面送粮的经历。

小富即安带来"不安"

"其实，我从90年代就发现了山两边的不一样。"夏宗英跟着母亲去洑家村走亲戚，"人家那里已经开始修路，村村通，户户通，柏油的，下吴村这边还是土路。人家几乎家家起了楼房，下吴村这边大部分是土坯房。"让夏宗英感受最深的是，"那边的人忙得很，都去工厂上班，下吴村这边一到农闲，都在打牌"。

行走在下吴村地界，我看到，山坡上除了稀稀落落的马尾松和齐腰深的蒿草外，很少看到经济林木。下吴村的一位村干部介绍说，全村共有山林8000多亩，每年收入3万多元，主要用于支付护林员和村干部的工资。

谈起村里集体经济的发展情况，这位村干部说："我们这里除了穷山之外，再没有其他资源，发展集体经济，难哪！"

"咋不在山区开发上动点脑筋呢？"我问。

他挠挠头说："村里倒是议过，可是没有资金。"

"为什么不发动一下群众呢？"

"如今包产到户，干部说话没前几年响了。"他显得很无奈。

群众对这一问题又是怎样看的呢？一位姓丁的村民说：率先实行"大包干"，让下吴村解决了饿肚子问题。但是，"够吃够穿蛮安耽，喝口老酒享清闲"。这种小富即安的观念，羁绊住了下吴人前进的步履。

"要是咱村的干部也像山那边一样，把大家组织起来，一门心思奔富路，下吴村不会比洑家村差。"这位姓丁的村民说。

两个村庄同在一座山上，为什么会产生如此大的差异？

曾当过近十年下吴村党支部书记的丁文龙感慨地说："山那边的人，这些年脑子越变越活络了，千方百计去找赚钱的道道。可这边就不行。就说推广粮食新品种吧，那边一呼百应，这边，你就是说破天，群众愣是不相信，总觉得还是老品种保险。"

为什么洑家人的脑子活络起来了呢？时任周城镇党委书记潘云芳作如下解释：这与山民们走出山门很有关系。这些年，镇里积极引导群众外出跑运输、做买卖、搞建筑，外面的世界拓宽了他们的视野，增强了他们的商品意识。

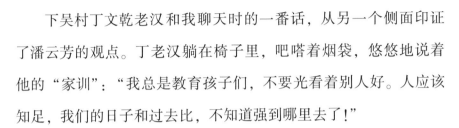

下吴村丁文乾老汉和我聊天时的一番话，从另一个侧面印证了潘云芳的观点。丁老汉躺在椅子里，吧嗒着烟袋，悠悠地说着他的"家训"："我总是教育孩子们，不要光看着别人好。人应该知足，我们的日子和过去比，不知道强到哪里去了！"

的确，小富即安，如一杯催人昏睡的甜酒，让下吴人奔小康时脚步蹒跚了。

回到北京后，我撰写了《山这边，山那边……》，并于1995年7月28日在《人民日报》第二版发表。在报道中，我表达了这样的观点——

从表面上看，两村的差距似乎只是泉水的利用问题、资金的筹措问题，实际上却折射出了商品观念的差异。

追溯一下改革十余年来农村经济发展的轨迹，我们不难发现：从"包工到组"的萌芽到"家庭联产承包责任制"的普及，从乡镇企业的崛起到"民工潮"的涌动，农村生产力的每一次重大解放，更新观念是前提。事实证明，哪个地方观念更新得快，哪个地方的经济发展就快。因此，从这个意义上讲，观念能够生"金"，绝不为过。

更新观念，也就是不断地提高我们的认识水平，使之进一步接近事物发展的客观规律，从而能动地改造世界。要想做到这些，故步自封，躲在山沟里打转转不行；怨天尤人，面对困境长吁短叹也无益——这样，即使身在宝山，也难以识宝。可行的办法是：像狄家人那样，冲破传统观念的束缚，在市场经济的大潮中，不断地拓宽视野，开阔胸襟，积极主动地去寻找经济发展的契机，让资源产生最佳效益。

省委诚意挖"病灶"

《山这边，山那边……》一文刊出后，我心里一直忐忑不安：批评了安徽，人家会不会来找麻烦？

文章刊出的次日，社里派我到西藏采访，一去就是20多天。刚回到报社，报社办公厅就来了电话，让我去值班室看个电话记录。

出人意料的是，安徽省委不但没找麻烦，还对我表示了感谢，说安徽省委、省政府对这篇文章高度重视，几位领导都作了批示。批示指出，《人民日报》记者采写的《山这边，山那边……》一文值得深思，两村条件基本相同，而经济发展差距拉得越来越大，这实际上是思想观念上的差距、领导工作上的差距。要在思想解放上来一次再发动，切中时弊方能引起共鸣，敢于亮丑方能催人"愤"进。

省里不仅要求对照问题找差距，挖出安徽的"病灶"，还要以这篇文章为契机，进行一场全省范围的思想解放大讨论。安徽省委、省政府郑重邀请我去一趟安徽，结合采访了解到的情况给大家讲上一课。

真没想到，一篇讲述两个小村庄的文章，竟引起了安徽省委、省政府如此重视！

回头来看，这与当时全国的经济发展大势关系密切。

1995 年，正值国家第八个五年计划收官、第九个五年计划开启的衔接期。此前，邓小平同志先后视察武昌、深圳、珠海、上海等地并发表著名的系列谈话，被称为"南方谈话"。在谈话中，邓小平指出：改革开放胆子要大一些，看准了的，就大胆地试，大胆地闯。改革开放迈不开步子，要害是姓"资"还是姓"社"的问题。判断的标准，应该主要看是否有利于发展社会主义社会的生产力，是否有利于增强社会主义国家的综合国力，是否有利于提高人民的生活水平。

"南方谈话"有利于突破广大干部群众的思想束缚，为进一步改革开放提供了动力。

以邓小平同志重要谈话和中共十四大为标志，中国改革开放和现代化建设进入新的阶段。而加快现代企业制度建设，初步建立社会主义市场经济体制，成为"九五"计划的重要目标之一。

在这个背景下，安徽省委、省政府清醒地看到，与发达地区相比，安徽的差距仍然不小，就是本省内部，发展也不平衡。原因固然很多，思想解放不够是其中最主要的问题。

安徽省委、省政府敏锐地意识到，经济体制从传统的计划经济体制向社会主义市场经济体制转变，经济增长方式从粗放型向集约型转变已经是大势所趋。观念陈旧，就不可能抓住机遇，有所作为。必须改变旧的思想观念，确立社会主义市场经济的新观念。

各地纷纷找差距

《山这边，山那边……》刊出后，宣城地区地委和行署高度重视。结合省领导的批示，他们迅速展开了思想解放大讨论。

大家一致认为：这篇文章，说的是两个村经济发展情况的对比，其实是安徽整体发展的一个缩影。这是一份生动的教材，说明思想观念必须不断更新，如果"小富即安"，脚步放慢，就会被飞速发展的时代抛在后面，最后，先进变后进。

地委办公室、行署办公室要求深入开展思想解放大讨论，不仅农业战线要解放思想，各行各业都要解放思想，并专门下发了

《关于学习人民日报〈山这边，山那边……〉一文 在全区开展大讨论的通知》。这份通知要求：各地、各部门立即组织学习《人民日报》的报道，并结合学习省委领导的重要批示，在全区开展大讨论。学习讨论中要对照与先进地区的差距，联系实际，着重从思想观念、发展思路和各级领导工作力度上找差距，研究制订措施，进一步解放思想、转变观念、扩大对外开放、加快经济发展，加快缩小与先进地区的差距。

时任宣城地委书记杨璞雄特地给时任郎溪县委书记毛啸岳打了个电话，嘱咐道："《山这边，山那边……》这篇报道的发生地在郎溪，郎溪要打头阵、做表率，在全县组织学习和讨论，进一步解放思想，转变观念，促进经济大发展。"

其实，郎溪早就行动起来了。文章见报的当天，毛啸岳就专门召开了学习会议，他说："这篇报道从山两边的对比中说明了观念生'金'的道理。要充分利用好这篇报道，进一步做好解放思想、转变观念的大文章。"

郎溪县委就此提出"把好南大门，不丢安徽人""论条件，郎溪不比溧阳差；找差距，扑下身子学洑家"的口号。针对各级干部和广大群众中存在的"小富即安、小富即满"的小农意识，围绕"解放思想找差距，更新观念求发展"这一主题，郎溪县委开展了一系列的思想解放活动。

毛啸岳带着一支 15 人的队伍，先是到洮家村实地考察，回来后，又在下吴村召开了一次现场会。

会上，毛啸岳抛出了一个个"为什么"——

同样的自然条件，为什么"山那边"利用温泉养殖，而"山这边"却在用温泉洗涮粪桶？

同样有荒山，为什么"山那边"能想到股份合作制开发，而"山这边"却只能让山继续荒下去？

同样处在改革开放的年代，为什么"山那边"思想观念越变越新，而"山这边"却故步自封、停滞不前？

同样在求发展、谋攀升，为什么"山那边"政令一下，群众一听就懂，工作一抓就灵，而"山这边"总是在"说话不响""愣是不听"上无能为力？

郎溪县委发动全县干群，就这些"为什么"，一起找原因、找答案。

据当时参加讨论的干部介绍，每次的"刨根会"都是"红脸会"。

有干部直言不讳指出："这些年，我们'这边'的干部也都频繁走出山门、市门甚至省门，去考察，去挂职，在观念上确实更新了不少，但一遇到具体实践时，为什么就显得力度不够，方法欠佳？说到底，这既是工作力度问题，也是思想是否真正解放的问题。"

还有的群众说得更直白："人家《人民日报》的文章说得对，不能接受新事物，总认为'老套路'比较保险，这是观念上的差异。但是，说到底，其实是领导工作的差距。群雁高飞头雁领，如果领导都放不开手脚，怎么期望群众飞得更高、飞得更远？"

大家得出一致结论：实践证明，凡是人民生活富裕、经济发展较快的地方，都有一个强有力的领导、一门心思干事业的集体。华西村的崛起、宁国经济的腾飞无不是强有力的证明。我们所倡导的"能人经济"、培养"致富领头雁"、发挥党支部"战斗堡垒"作用也正是这种实践出真知的客观总结。

随后，郎溪县委、县政府又在下吴村召开了下吴村发展规划落实会，将会议纪要以县委办文件下发。各部门、各单位必须不折不扣落实到位。

会议结束时，毛啸岳动情地说："我们不要怕丢架子、失面子。要抓住《人民日报》的这篇报道，掀起'找差距，挖潜力'的大行动。只要变压力为动力，只要看到差距并迎头赶上，丢掉的架子会重新撑起来，失去的面子会重新找回来。"

县委、县政府给全县立下了军令状，提出到 2000 年工农业总产值、地区生产总值、财政收入、农民人均纯收入在 1995 年基础上实现翻两番的目标。

这场思想解放大讨论，如一把熊熊燃烧的大火，在整个安徽蔓延——

广德县不仅对照浃家村找差距，还组织基层干部到发展较快的宜兴、长兴等江浙毗邻地区调研学习，并找出发展滞后的原因和改进工作的措施。他们认为，近年来，县域经济之所以发展不够快，主要还是思想解放程度不够，市场意识不强，改革开放的步子不大。经过这一番比较，他们立即有针对性地制订出了追赶计划。

宁国县把学习这篇报道与正在开展的"全区学宁国，宁国怎么办"的大讨论紧密结合起来，确立了在全省实现"三个率先"的奋斗目标（率先进入全国百强县，率先达到小康县标准，率先实现工业化、城镇化）。

宣州、绩溪、旌德、泾县等地的一些乡镇，还自发开展了"村这边、村那边；河这边、河那边……"对比找差距活动，以此促进干部群众进一步解放思想、振奋精神、加快发展。

这次思想解放大讨论在安徽持续了半年之久。事实证明，这次讨论为安徽此后快速发展起到了推动作用。

第三章

山两边摽劲往前冲

"鼓打千槌，不如雷轰一声！"1995年，下吴村村支书向领兵提出"三年超洑家"的发展目标：村里扩大养蚕规模，以集约化形成市场化；计划创办精制茶厂、板栗罐头食品厂、仔猪养殖场……面对山这边咄咄逼人的气势，洑家村丝毫不敢懈怠，制定了五年发展规划，进行"二次创业"：不仅自己养殖，还提供技术输出服务；构建茶叶深加工、肉食加工、水产养殖等多元格局，增强市场竞争力。

惊雷震醒下吴人

"《山这边，山那边……》就像炸响在伍员山顶的惊雷，震醒了下吴村。"谈到这篇报道，下吴村村民孔腊生记忆犹新。那时候，他40多岁，在乡文化站工作。

"报道出来的当天，整个乡里都炸开了。"孔腊生说，第二天，乡里就组织全乡的30多名机关干部专门研究了这篇报道，会后，立马分组入村，指导大家学习。

刚看到报道，村里的老少爷们觉得脸上很不光彩，不过接下来一想，人家说得没错啊：刚开始"大包干"那些年，下吴人多风光啊！推着鸡公车吱吱嘎嘎往浟家村送粮食，哪个不是挺着胸脯？可是这几年，确实觉得心里不舒服，人家山那边的路比我们的宽了，房子比我们的新了，连大姑娘小媳妇也比我们这边的穿得鲜亮。我们这边也没有懒汉呀，可是大家普遍觉得有劲儿无处使，不知朝着哪儿奔……

时任下吴村村支书向领兵的心情更是一刻也没有平静过。"看到文章，臊得不行啊！确实，我这个带头人工作没有做好！那时候，田都分了，又开始搞市场经济，就觉得，大家都去找市场了，我这村支书就往后躲躲吧。所以，村里的事也就不那么热心了……"向领兵回忆起往事很是懊恼。

向领兵是土生土长的下吴人。他性子不急不躁，待人平和，在村里很有人缘。当了多年的村干部，没有人比他更了解村里的一切。谁家有几个兄弟姊妹，哪个大哪个小，以及每一块山场、每一丘田亩、每一条田塍的过去和现在，他都能讲得清清楚楚。

报道出来后的第二天，他收到通知，去参加镇上的一场座谈会。会上，尽管没有一个领导批评他，但他觉得比挨了批评还难受，就像个打了败仗的将军，一个人默默坐在后排的角落里。

座谈会结束的时候，领导和颜悦色地让他谈谈今后村里的打算。此时的向领兵脑子里就像一团乱麻，低着头，舌头打了结："我……我……我们给安徽，丢脸了！"停顿了一会儿，这个平素温和的村干部猛然昂起了头，额头上青筋暴起，大声说，"跌倒了，我们会爬起来。请组织相信下吴人，我们不是孬种！"

回到村里，他躲着乡亲们走。一连几天，他都没有走出家门。爱人炒了鸡蛋、腊肉端给他，他一筷子也没有动。一直到第四天，大半夜了，他悄悄打开院门，来到田野上，看了茶山，看了稻田，看了半山腰那一棵棵马尾松……一直转到天亮，露水打湿了鞋袜，打湿了裤管，他抹了一把脸上的不知是露水还是泪水，快步走回了村。

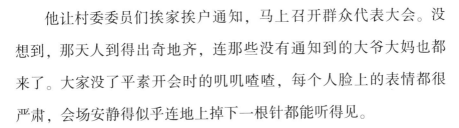

　　他让村委委员们挨家挨户通知，马上召开群众代表大会。没想到，那天人到得出奇地齐，连那些没有通知到的大爷大妈也都来了。大家没了平素开会时的叽叽喳喳，每个人脸上的表情都很严肃，会场安静得似乎连地上掉下一根针都能听得见。

　　向领兵的目光在每个人的脸上划过，他从随身带的一个提兜里捧出一抔土，放在了面前的桌子上："大家都认真看看，这土，板结成什么样了？我们都是种地的，地种成了这样，臊不臊得慌？"

　　有几个种地老把式走了过来，用手捻了捻那硬邦邦的土块，低下头走了回去。

　　"'鼓打千槌，不如雷轰一声！'下吴村上了报纸这件事，我想，大家都知道了。这一声雷，把我一下子轰醒了！都是'一碗酱油一碗醋'，人家能，我们为什么不能?！田，不精心侍弄会板结；人，如果不思进取就会落后。我们下吴村，如果再不振作起来，就会让人永远瞧不起!"

　　台下响起经久不息的掌声。

　　"乡亲们！今后该怎么办呢？我没什么可说的，只憋足了劲吼一嗓子——'干'!"

　　"对！干！干！干!"村民们洪亮的呼喊声似乎要把屋顶掀翻。

立誓三年超浇家

从那天后,向领兵每天随身带着个小包,里面揣着刊发《山这边,山那边……》一文的报纸,走到哪里带到哪里,和大家找差距、查原因、议思路,遇到想不通的问题就找人请教。

他还主动联系了山那边的王海清,带着村干部们到浇家村学习。

该从哪里突破?向领兵召开了"诸葛亮会"。

有的说:两村亲戚互相往来,谁不了解谁?生活、生产差不多,那边不就是搞了个"特种养殖"吗?有人不同意这种观点:人家搞"特种",说明人家学科技、用科技,我们只满足于自己熟悉的老套套,别说"特种",连普通养殖也没搞好。

有的说:凡事都有个过程。当年,浇家人在发展中也不是一帆风顺的,他们在利用温泉养殖上,也经历了一次次的失败,在山区开发上,也存在资金紧缺的问题。但他们没有气馁,没有"等靠要",而是一步一步坚实地走过来了。我们呢,遇到点困难就缩回,就是有再好的资源,优势也发挥不出来。

有的说:人家浇家村上级政府实力雄厚,我听说,刚上马的

一个拓宽村级公路项目，资金由上面包了。而我们，想干却没有资金呀。马上有人站出来反对，举例说明钱不是最重要的问题，争取上级支持是必要的，但是不能两眼向上"等靠要"。

…………

通过讨论，下吴村提出了"三年超洑家"的发展目标。如何超？首先必须有特色产品。下吴村的特色产品是什么？集思广益，最后确定大力发展"蚕品"。

为什么定位"蚕品"？下吴村处于丘陵地带，沙土地，半山沟。这里出产的蚕茧个大质白、丝质柔韧，属上等品。下吴村原本就是远近闻名的蚕茧之乡，不少家庭都养蚕。每到蚕茧上市季节，茧商们纷至沓来抢购蚕茧。

现在要做的工作是：进一步扩大养蚕规模，通过集约化形成市场化，由市场繁荣带动农民稳步增收。

下吴村还计划在 1997 年创办一个年产值 200 万元、利税 60 万元的精制茶厂，在 1998 年创办一个产值 300 万元、利税 50 万元的板栗罐头食品厂，同时筹建一个苏浙皖边界最大的良种仔猪养殖场……

狄家村严阵以待

在山那边的下吴村劲擂鼙鼓的时候，两份批示、一份"情报"摆在了狄家村党支部书记王海清的办公桌上。

一份是时任江苏省常州市委书记虞振新的批示抄清，其中指出：安徽省委、省政府负责同志对《人民日报》记者王慧敏介绍狄家村的典型十分重视。为此，要研究如何使狄家村真正加快发展，并取得实效，在常州市丘陵山区开发上起到示范作用。另外，也要搞好规划、科学开发，市里有关方面给予切实的扶持，不能墙内开花墙外香。

另一份是时任溧阳市委书记潘永和的批示，其中提出：王慧敏记者《山这边，山那边……》的报道，引起了安徽省委、省政府的高度重视，由此在全省范围内开展了一场思想大发动、大讨论的活动，这无疑将会对安徽经济的发展，尤其是紧靠溧阳市的郎溪经济的发展产生巨大的推动作用。此举大有"穷则思变"、后来居上之势。对此，溧阳市不能沾沾自喜、等闲视之，尤其是周城镇党委要把压力变为动力，进一步重视狄家村这个典型的培植和推广。

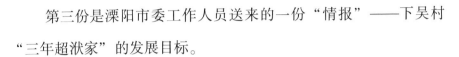

第三份是溧阳市委工作人员送来的一份"情报"——下吴村"三年超洑家"的发展目标。

"山那边"大发动，形势咄咄逼人，"山这边"该怎么办？面对竞争与挑战，江苏这边丝毫不敢懈怠。

"没想到人家安徽这么重视。省领导不但作了批示，还带队来我们村上学习考察。"王海清清楚地记得当时的安徽省省长来洑家村了解情况的情形。

之后，宣城地区领导、郎溪县领导、岗南乡领导还有下吴村向领兵带着的人，一拨一拨来洑家村取经学习。

在外人眼里，这一定是王海清最风光的时刻了。可只有他自己知道，心里的压力有多大。向领兵一班人的虚心、踏实、认真、细致……让他看到了一个雄心勃勃的下吴村。

"整个山对面都动起来了。我们如果躺在功劳簿上打瞌睡，很快就会被超越！"王海清有着无比的紧迫感。

看到文章的那几天，他竟然坐卧不宁。这种紧迫感催促他赶紧动起来。他召集村"两委"班子，开了一个又一个"洑家如何办"对策会，确定了"戒骄戒躁，主动出击"的八字方针。

主动出击，落脚点在哪里？他抛出了藏在心里多日的想法——打造新的增长点，在苏浙皖边界市场上做文章！

当时，苏浙皖三地合作已经是大势所趋，一个"苏浙皖共同市场"呼之欲出。溧阳市为了抢抓先机，率先在市场建设和流通服务方面布局，初步形成了以苏浙皖边界市场为中心，乡镇农贸市场为纽带，村级季节性市场为基础，大中城市定点为基地的多层次市场网络。

一个数据很能说明问题：1995 年，苏浙皖边界市场交易中心实现农产品交易额 5.2 亿元，成为溧阳市农产品走向大市场的主渠道。

王海清琢磨着，这两年村办的几家企业效益不错，如今，《山这边，山那边……》这篇报道又进一步为洑家村提升了知名度。可以以此为契机，积极融入苏浙皖三地合作，在合作中进一步壮大洑家村的力量。

王海清的想法得到村委会大多数人的认同。开完会，匆匆对付了几口饭，他便骑车朝镇里奔去。

这些天，周城镇党委、镇政府也一直在为洑家村下一步发展把脉定调。今天是镇党委第三次专题研究洑家村的发展问题，通知王海清参加。

镇党委一致认为：洑家村要想继续走在前列，必须"二次创业"！

镇里确定了洑家村下一步的发展目标，分别是：在经营体制上，年内组建一家以温泉养殖为核心的集团企业，不仅要自己养殖，还要在苏皖一带搞技术输出服务；在经营方向上，利用 500 多亩无污染茶园优势，与台商合资合作开发茶叶深加工项目；利用丰富的畜禽资源，兴办肉食加工厂；以温泉养殖水产苗为基础，外出承包 3000 至 5000 亩水面，形成幼苗、成鱼生产一条龙格局，同时配套发展特种饲料，增强市场竞争力。

会上还制定了一个五年期的发展规划：2000 年全村社会总产值达 5000 万元，固定资产发展至 1000 万元，人均年收入达 7000 元，农民住宅楼房化，村组道路黑色化，农业生产机械化，基本实现现代化。

请王海清表态时，王海清信心满怀地立下了军令状。

第四章

三年重访山两边

1998 年，通过学习洑家村的模式，下吴村对集体林地进行拍卖和租赁，年轻人纷纷承包荒山，种桑养蚕。下吴村将此前的蓝图，变为一座座繁忙的工厂，村民的钱包鼓起来，一幢幢崭新的居民小楼建起来。山那边的洑家村，却因产销脱节、资金矛盾、人才缺口等问题，陷入了困难局面。山两边的发展变化，说明了志气是求变的基础，创新是发展的保证。

在下吴村、浂家村摽劲往前冲的当口，我国各项改革正在进一步深化。

就农村来看，各地普遍开始推进农业产业化经营，农业种植结构从过去的单一粮食作物向粮食和经济作物并举的方向发展。农业综合生产能力持续提升，形成生产、加工、销售有机结合、相互促进的机制，努力向高产、优质、高效的"两高一优"农业转变。乡镇企业的总体规模也进一步扩大，农村地区多种经济形式并举。

农业技术推广工作越来越受重视。"要把农业技术推广作为农业增产的第一要素"已经成为全国的共识，"种子工程""丰收计划""星火计划"……中国农业技术推广体系日益完备。

基本解决了温饱的各地乡村，不但注重"富口袋"，也开始注重"富脑袋"。乡风文明建设有了很大发展。国家广泛开展群众性精神文明创建活动，移风易俗，力求形成文明、健康、良好的乡村风尚。

不过，"三农"工作也面临着诸多短板。

我国农业的基础地位还很脆弱，农业仍然是国民经济发展中的薄弱环节，影响农业发展的一些深层次问题还没有得到根本解决，农村的改革和发展不断面临新的难题。特别是连续丰收后出现的农产品销售不畅、价格回落等新情况，使农业的持续稳定增长遇到了新的困难。

从 1997 年开始，农民收入增幅开始下降。"有饭吃，缺钱花"，"吃饱了饭，看不起病，读不起书"，城乡发展失衡，城乡居民收入差距在一度缩小后又进一步扩大。同时，随着市场竞争加剧，乡镇企业技术设备落后、管理水平低、产业结构不合理、产品质量不高等问题日益突出，关于乡镇企业规模要因地制宜，大中小并举，避免低水平重复建设的呼声越来越高。

为了解决这些问题，1998 年发布的《中共中央 国务院关于1998 年农业和农村工作的意见》中提出：稳定和加强农业的基础地位、稳定农产品总量、农林牧副渔各业全面发展、乡镇企业稳定增长等。其背后的逻辑，就是要将农村工作的重点放到转变增长方式、推进技术进步、提高整体素质和经济效益上来。

在这种大背景下，山这边、山那边现如今情况如何？王海清立下的军令状有没有实现？下吴村有没有达到"三年超浹家"的目标？我萦心挂怀。

1998 年夏天——也就是 1995 年那次调研的三年后，我再次专程探访山两边。

下吴村惊艳蝶变

这是一次结果完全出乎预料的采访。

6月中旬的江南，溽热难当。这一次，我首先来到安徽这边的下吴村。

正午刚过，村子里静悄悄的。站在村口远眺，山坳里是一座座崭新的粉墙红瓦的三层小楼，青翠山峰长满经济林木。三年前坑坑洼洼、荒草没膝的乡间小道不见了，代之以一条平整的砂石路。下吴村的房舍，大都建在山脚的平地处，每座小楼前几乎都有一湾清清的池塘，鸭子、鹅在悠闲地戏水。每家的房前屋后都种上了桃、橘子、枇杷等果树。

路东是一座装有铝合金门窗的三层楼房。楼下迎门一间有一个硕大的百货架，一位中年妇女正埋头算账。左边一间，一位十八九岁的姑娘在缝纫机后做衣服。她叫嵇小燕，那位中年妇女是她母亲。姑娘说，她们爿店除了做衣服、卖百货，还经营餐饮。问起收入情况，姑娘说，这几年村里店多了，赚不了多少，一个月也就千把块钱。

听说我就是那个三年前来采访的记者，姑娘很兴奋："村里人一直盼着您再来。现在，我们不比那边差！"

说话间，乡里、村里的干部闻讯赶来了。乡党委书记徐德宝是个30多岁的年轻人。他使劲摇着我的手说："您那篇文章对我们促动大哩！"

徐书记说，《山这边，山那边……》发表后，省里开展了思想解放大讨论，时任安徽省委、省政府主要领导先后批示，地、县各级领导也都非常重视，多次带队到我们这里考察调研，帮我们解决问题。县里的要求很明确：正视批评，看到差距，才能迎头赶上。

乡里多次组织干部到浗家村学习，研究浗家村成功的经验，最后帮助下吴村制定了"变压力为动力，转思路找出路，三年超浗家"的发展目标。

"耳听为虚，眼见为实，请您再看看。"在徐书记带领下，我们又翻山越岭走访了多家农户。事实告诉我们，下吴村实实在在发生了变化！如今，全村70%的家庭有了彩电，20%的家庭安装了程控电话，乡里正在架设微波线路，到10月，村民就可以看上有线电视了。

说实话，当年，我对下吴村制定"三年超浗家"的发展规划并不看好——目标设那么高，步子迈那么大，会不会是头脑发热一时冲动？但是眼前的一切让我认识到，下吴人真是"一口唾沫

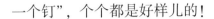

一个钉"，个个都是好样儿的！

记得三年前，下吴村刚制定发展规划时，曾将村庄的特色产品定位为"蚕品"。如今，蚕养得怎样了？

向领兵告诉我，当年的决策虽然大胆，但结果证明是正确的。

通过学习洑家村的发展模式，下吴村对村里的 6000 多亩集体林地，根据不同情况面向全社会进行了拍卖、租赁和发包，下吴村有想法的年轻人也不甘落后，纷纷承包荒山，种桑养蚕。

为了提升养蚕质量，下吴村新建了蚕茧收烘站，向领兵带着村干部到无锡请师傅手把手教村民养蚕，并跑到杭嘉湖平原买回优质桑苗。

向领兵衣袋里装着一沓火车票，手里拎着穿通了的鞋子，走南闯北。在那些日子里，村民们对这个吃尽苦头的干部投去了信任、爱戴的目光。

"全村家家户户栽桑养蚕，一年春秋两季，全村的蚕茧产量有几十万斤。"向领兵说，"遇到蚕茧紧俏的年份，100 斤蚕茧能卖到 1200 元，村民的收入一下子就提高了。"

桑蚕是哑巴，但向领兵不仅摸透了它们的脾性，还熟悉它们的"语言"。闷了替它们通风，冷了给它们调温，从那"沙沙沙"的声音中，他能判断出一片桑叶被吃掉了多少、是不是该更换。不论是遇到黑斑病还是白蚁病，他都能手到病除……

向领兵手里提着他的那盏玻璃四方小提灯，在弯弯曲曲的小路上走着，兴奋地和我谈论着他的"养蚕经"。四野黑黢黢的，偶尔有流萤从庄稼上划过。雾气很大，天上的星星似乎困倦了，有一搭没一搭地眨巴着眼睛。不远处，小溪伴着蛙鸣欢快地唱着歌。

无论走到哪家的院子，都会传来"沙沙沙"的蚕吃桑叶声。

村民夏和平正在为蚕宝宝加餐，新鲜的桑叶散发出一种特有的清香。他告诉我，村里瞄准"蚕品"后，他积极响应，把家里的七八亩荒地全种上了桑树。养蚕，越来越有心得：一张蚕纸上可以产出七八十斤蚕茧，平均一季度能养 20 张蚕纸。仅仅三年的工夫，家里就盖起了三层小楼房。

1997 年，夏宗英和本村人邱君烈结婚时，是借邱君烈哥哥的一间房子作为临时婚房的。为此，邱君烈还给老丈人打了一张欠条，承诺两年后给夏宗英建房。而当我这次来到下吴村时，小两口已经住到了新房里。

除了养蚕，村里还向上级政府申请将政策放宽，让村里的农田可以开河塘养虾养鱼。

"洑家村的人看着我们开塘引水，不少人帮着我们施工。他们技术员多，一次就派来七八个人，手把手教我们养殖技术。我们知道，他们已经组建了一支技术服务队，对外培训都是要收费的。当我们也想支付费用时，他们却说：'山两边都是一家人，说这些，生分！'"向领兵说。

村里各项事业也全面发展起来：1996年，他们内引外联，办起了年产值300万元的精制茶场、年吞吐量3600担的蚕茧收烘站，并完善销售渠道，形成了产供销一条龙；1997年，在大量转移农民的基础上，他们又开始了适度规模经营的探索；此外，还按计划建成板栗罐头食品厂，筹建了苏浙皖边界最大的良种仔猪繁殖场……

他们正着手开发伍员山的旅游资源，兴办观光旅游农业园区。

农业观光旅游，这在当时，可是一件新鲜事！

洑家村陷入困局

看完下吴村，我们翻过伍员山，来到洑家村。

路依然是三年前的那条砂石路，只是路面多了些坑洼。路两旁的果林里，长满了深深的蒿草。村口，那块曾标志洑家村荣耀的巨大标志牌东倒西歪，上面"周城洑家千亩茶叶基地 特种水产工厂化繁育基地"的字迹已被风雨剥蚀得模糊不清。

三年前我来时，洑家村党支部书记王海清正带着村民在山坡上架电线，号子声此起彼伏。而今，除了山野里开得正闹的野萝卜花,四下阒寂无声。在洣家村茶场,当我和几个村民聊起这几年的发展情况时,村民们却岔开话题,告起了状。

仔细听听,一是原来实行股份合作制开发荒山时,村里答应产生效益后,立即给群众分红,但截至目前,远远没有落实到位;二是村里到底有多少家底,如何支配,群众不清楚。

这些问题,或直接,或间接,均与村干部有关。我找到村党支部书记王海清。

洣家村从穷困中崛起,王海清功不可没。温泉养殖是他一手操办起来的;股份合作制开发荒山,也是他的创举;资金不足,开发荒山面临困境时,又是他带头将自己准备盖房的钱拿了出来……

把群众的意见转述给王海清,老王很是委屈:"我风里来雨里去,还不都是为了大家?要是我自己单干,早就成百万富翁了。"

据了解,去年因为有人告状,镇里在他们村查了两个月的账。查账的结论是:王海清没有问题。

那么问题出在哪里?王海清向我倾吐肚子里攒了三年的苦水。

上次,我离开洣家村不久,村里就自筹了近200万元资金扩大生产能力、增加养殖品种,不出半年,就形成了年产1亿尾罗氏沼虾苗、100万尾鳜鱼苗及50斤中华熊猫蟹苗的规模,成为村级经济的支柱;同时,又新开发了500亩左右的杉树、板栗和茶田。

不过，从那时起，一些问题的苗头就出现了。

王海清说，1996 年，村里一起盘点过当时存在的困难与问题，总结下来主要有四条：

一是特种水产苗的产销严重脱节。当时同类型企业在苏南已经很多，洑家村虽然已经形成 1 亿尾罗氏沼虾苗的生产能力，但因为同质化竞争，这一年仅订到 3000 余万尾的销售合同，产销不配套，严重影响了洑家村养殖业的经营效益和正常发展。

二是资金供求矛盾较大。村养殖场已投入资金 200 多万元，其中，乡财政借款 50 万元，采取股份合作制形式筹资 50 多万元，其余 100 多万元大部分属私人借款，月息均在 2% 以上，企业负担过重。随着生产能力的不断扩大，流动资金也十分缺乏。

三是人才供需缺口大。随着综合开发的深度推进，对各种专业技术人才的需求增多，尤其是果木、茶叶、水产等人才十分缺乏，为此，村里多次向有关部门要人，却没有结果。

四是基础设施还不能适应发展需要。比如，作为周城到天目湖的乡际大通道还不是柏油路，一定程度上影响了洑家村和天目湖旅游区的对接。村里计划打通从养殖场到茶场约 2 公里的道路，其中需要建造一座桥梁，成本核算下来需要 10 万元左右，但村里账上的资金已经不够了……

"当时，对这些问题，我们也确实详细推演了可能带来的后果，可是，既然要搞'二次创业'，哪里能一点风险都不冒呢？"王海清作出决策，不仅将村里账上的资金全部拿出来投入，还向银行和企业外借了不少钱。

不承想，市场风云突变！就拿温泉养殖场来说，他们成功繁育了河豚、青虾、罗氏沼虾等，但由于这两年同类企业过多、同质化竞争严重等问题，这些产品大多没能成功地推向市场。

投入一笔一笔增加，收入却一点一点减少，村里人听说村财务账上已经是入不敷出，担心自家的股份折进去。这时，又有人在背后搞了点小动作，于是，村民们闹了起来，有的要求分红，有的要求退股。

说起当时的情景，王海清眼里还含着泪。

他描述了那天清晨发生的情况：天刚麻麻亮，来要账的村民就拥进了村委会，纷纷要求将股份兑现。有的说自己要买肥料，有的说儿子要结婚，有的说要盖房子……

村会计说一时拿不出这么多钱。

于是，村民炸了窝！人们把矛头纷纷对准王海清。

"王海清！账上到底有多少钱？你给大家一个明白，不要瞒了做私房！"

"你昧了大家的钱，晚上睡得着觉吗？！"

…………

这些话，深深刺痛了王海清。"我的心在滴血啊！当时放弃高薪回村创业，我是为了谁？开发荒山没有钱，我带头入股是为了谁？没白天没黑夜挖坑种树，我又是为了谁？人总要讲点良心啊……"

村民们拿不到兑现款，便纷纷告起了村委会。信访部门把内容梳理成两条：一是原来实行股份合作制开发荒山时，村里答应产生效益后，立即给群众分红。现在期限到了，但分红还远远不够。二是村里到底有多少家底，如何支配，群众不清楚，他们怀疑村干部搞贪污。

虽然镇里的调查组最后还了村委会和王海清一个清白，但要强的王海清心里依然难受得要命……

过后，他也进行了深刻的反思。就在这次采访时，他拉着我的手说："洑家村被树成典型后，我确实被成绩冲昏了头脑，步子迈得过大了，把集体先期所有的积累都拿来进行投入，忽略了市场风险。群众没有得到实惠，当然心里有气。这一有气，干事创业的心劲儿也就散了。这些年，不少人都把心思用在了告状上，结果，果园荒了，茶场荒了，虾塘也荒了……这些，可都是当年一点一点干起来的，有多难啊！垮了，我有责任！"

王海清撩起衣襟擦起了泪。过了一会儿，他又接着说下去："我的工作方法也有问题。这些年疏忽了财务管理，账面上的事本应向群众讲明白的，可我没能做到。譬如，由于市场波动，温泉养殖场和茶场赚的钱比预计的要少，如果及时向群众说明情况，也许群众是会理解的……"

那次，问起今后的发展思路，一向很自信的王海清竟惶惑起来："我也不知道该怎么干。原先，村民们还听我的安排，现在是'一娘生九子，九子连娘十条心'，我的话，他们既不听，也不信了。还有一两个背后摇鹅毛扇子的人，时不时煽阵风、点把火，各项事务也就成了大象的屁股，怎么推也推不动。毫无办法啊……"

提升素质迫在眉睫

这次采访结束，我对山两边三年来的发展情况进行了一次盘点。

总体看，三年来，下吴村、洑家村的经济都有了一定发展。据王海清介绍，三年中，洑家村新增了 60 栋楼房，全村每年仅采茶的收入就超过 80 万元。但就发展速度来看，洑家村显然滞后于下吴村了：1995 年，洑家村人均收入超过 3500 元，下吴村刚过千元；1997 年，洑家村人均收入 3470 元，下吴村则达 2700 元。

表面上看，洑家村是账目不清导致了干群对立，从而影响了

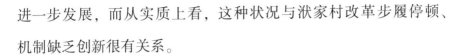

进一步发展，而从实质上看，这种状况与狄家村改革步履停顿、机制缺乏创新很有关系。

股份合作制开发荒山，发端于狄家村，但其开发后的经营管理则乏善可陈。改革也好，解放思想也罢，是一个不断完善、深化的过程，不可能一蹴而就。

时任溧阳市市长盛克勤在接受采访时说得很诚恳：当年狄家村因为穷，激发了村民们"穷则思变"的志气。而真正要有大的发展，仅有志气还不行，还必须根据形势的变化，时时调整发展方略，做到"创新求变"。

其实，当时狄家村的问题，也是其他许多村庄的问题。

随着社会各界对"三农"问题的重视，那些年，国家对农业的投入越来越多：农村基础设施建设、农业综合开发，甚至连村里的土地平整、改水、建沼气池等，都能从国家和地方财政争取到一些项目和资金。按理说，得到这么多的实惠，农民心气会更高，干劲会更大，可我当时在基层采访中了解到，情况并非这样，有的地方农民的抱怨似乎比以前更多，在个别地方，村干部和群众还起了冲突。为什么呢？就是账目不清惹的祸。

由于监督机制不健全，有不少地方确实存在乡村财务管理混乱现象：上级给了多少钱？这些钱又花在了什么地方？干部们很少给群众一个明晰的交代。

账目"糊涂"了，一些决策的民主性、科学性便难免受到质疑；同时，也给一些干部违规使用资金开了方便之门。比如，有的村领导为了彰显政绩，超出政府现实财力大搞形象工程和政绩工程，"没钱靠借贷，还钱等下届"，给村庄留下了巨大的债务窟窿。

还有的村干部一个人说了算，把上面给的钱和村里的集体收入全"揣"到兜里自己掌管。等到年底钱花得差不多了，再把攒的一大堆财务票据交给会计做账。这样"做"出来的账，群众能满意吗？

不能给群众一个明白，就很难还干部一个清白。农村出现的很多上访案件，都与农村财务"糊涂账"有关！如何管好乡村的"钱袋子"，确实是农村迫切需要解决的问题！

随着改革的深入，面临的"硬骨头"越来越多，乡村干部也亟待提高自身素质。对于他们，人们常常用"上面千条线，下面一根针"来形容。确实，乡村干部是党的各项政策的具体执行者，同时也是各项支农资金的具体支出者。管好乡村的"钱袋子"，对促进农村经济健康发展、维护农村稳定，至关重要！

新形势下，如何迅速提升乡村干部素质，如何形成一套规范的农村管理体制，有关部门很有必要下大力气去探讨。

这次采访，我写了《三年再访山两边》一文，刊登在 1998 年

6月22日的《人民日报》第二版上。文中，我写下了这样一段话："志气是求变的基础，创新是发展的保证。二者缺一不可。下吴村、洑家村这几年的发展变化，不正说明了这个道理？"

亟待转型升级

我离开山两边时，洑家村的矛盾还没有完全平息。

后来得知，上级为了解决洑家村的问题，颇费了一番功夫：为缓解干群矛盾，镇里不得不把王海清调离，新派来一位镇领导代理村支书；基于对群众负责的精神，镇政府拿出一部分钱偿还了拖欠农民的陈账；为了提高村里的造血功能，理顺经营关系，将村里420多亩茶园公开招标发包，发包金从每年5万元提高到25万元……

局面总算稳住了。

查账，虽说还了王海清一个清白，但这个洑家村昔日的"火车头"，已不在村里前进发展的轨道上了。退休后，赋闲在家的他，有时候表面上也说几句泄气话："瞎子掉井，哪儿不避风呢？我自己家里的事还忙不过来呢！"可对一个倔强要强的汉子来说，这能是他的心里话吗？

不管是不是他的心里话，时代还在向前发展。

此时，中国改革开放大门越开越大，经济与世界的关联度越来越高。如何适应新变化，成为各地共同面临的课题。拿安徽来说，迫切需要乡村产业的发展，从而搭上长三角快速发展的列车。而一度走在前面的江苏，村办社办企业同质化、产业层次过低、污染严重等问题，已严重影响到下一步的发展，迫切需要转型升级。

在这种大背景下，两个村庄发展都陷入了窘境：洑家村水产养殖一直未能走出产供销脱节的困局；下吴村，蚕茧市场化后，销路受到挤压，农民增收空间越来越小……

怎么办？在市场经济中摸爬滚打过的洑家人、下吴人，此时已不再气馁退缩，而是挺起胸膛主动朝着市场风雨迎了过去。

这个时候，李德胜已接任下吴村党支部书记。他带领支部一班人，四处考察，寻商机觅突破。

蚕茧市场疲软后，下吴村家家种起了茶叶。越来越有经验的他们意识到，农业要改变弱质性，不能一味在地里挖刨，必须延长产业链条，要与其他产业协调发展。他们在当地政府的支持下，建成了全镇唯一的茶产业专业村，又利用各自的社会关系，广泛外出招商，先后吸引了 11 位外地客商落户下吴村，壮大茶产业。

洑家村经过了短暂的沉寂后，又开始蓄足力量往前冲，经过一番市场调研，瞄准了青虾产业。有了前面养罗氏沼虾的经验，青虾养殖很快占领了全国一半以上的市场份额。洑家村也有了新名号——"中国青虾摇篮"。

山这边、山那边，还不约而同地在憋着另外一个大招呢！

当然，这是后话了。

第五章

山两边遇到新"沟坎"

2019 年，再访山两边。21 年来，伴随改革的稳步推进，农村成为人才的沃土，农业成为让人向往的产业，农民成为抢手的职业。下吴村和洑家村的思想解放一直没有停步，各项工作向前发展，居民收入显著增长，基础设施不断完善。新形势下山两边又面临新的问题，正如一位村干部所言："给钱给物，不如给个好支部；修桥修路，不如修个明白户。"

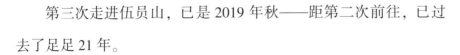

第三次走进伍员山，已是 2019 年秋——距第二次前往，已过去了足足 21 年。

21 年，地球公转了 21 圈，寒暑交替了 21 个轮回，那么，21 年间我们身边又会发生哪些变化？

21 年，可以让一棵幼苗长成参天大树；21 年，可以让一个蹒跚学步的孩童成长为意气风发的青年……

21 年，中国农村又发生了哪些变化？

记者，是时代的记录者。作为跑农口的记者，我的目光始终没有离开"三农"。

"人民对美好生活的向往，就是我们的奋斗目标。"没有农民的小康，就没有中国的小康。这 21 年，尤其是新时代以来，农民的日子越过越好。农村居民人均收入从 1998 年的 2160 元增长到 2018 年的 14617 元，增长了近 6 倍！

成就的背后，是"三农"事业产生的一系列深层次变革。变革，首先体现在农业生产方式的巨大转变上。在全球主要农业国家中，中国是农村农业机械拥有量增长最快的国家。大量使用机械，不仅提高了农业劳动生产率，也把农民从历史上"面朝黄土背朝天"的高强度农业生产劳动中解放了出来。与此同时，数字技术的大量应用，为农业生产装上"智慧大脑"，推动农业生产朝着智能化方向发展。

农村的新鲜事儿越来越多：互联网铺在"田埂上"，无人机变身"新农具"，直播变成"新农活"。农民与网络"结亲"，进一步打通了产供销各个环节，"卖难"问题得到有效缓解。

农业技术集成化、劳动过程机械化、生产经营信息化，助推低效农业向现代高效农业发展。农业技术的进步，为全国农村走上一条适度规模经营之路创造了条件。

这21年来，伴随着农村土地制度、宅基地制度等重大改革的稳步推进，在保持农业基本经营制度不变的前提下，通过合理化的土地流转机制，一人种几百亩地、上千亩地的情况随处可见，越来越多的小家庭汇成合作社，"补丁地"聚成"整块田"，分散自耕变为规模经营，粗放管理走向精细调控。

这21年来，通过加强农业品种品质品牌建设、健全农业社会化服务体系、促进一二三产业深度融合等方式，农业的产业链条延长了，农业的价值内涵多元了，农业的发展路径拓宽了……具有几千年历史的中国农业正在甩掉"弱质"的帽子，向价值链高处攀登。

这21年来，在现代高效农业快速发展的背景下，"藏粮于人"的新理念越来越深入人心，一批爱农业、懂技术、善经营的新型职业农民竞相涌现。无数"新农人"走进人们的视野，从"泥腿子"到"田秀才"，从"卖体力"到"卖技术"，从"个人富"到

"全民富"……一个个"活财神"成为各地"三农"的领头人。

这21年来，人们的发展理念也发生了质的改变。多年的探索实践，让乡村产业经历了从"靠山吃山，靠水吃水""户户点火，村村冒烟"的粗放式发展，到守护绿水青山，再到确立"绿水青山就是金山银山"的发展嬗变。"为盐碱地洗个澡""为石漠化添绿装""让青山打个盹""让草原喘口气"……通过整治农村环境、探索生态农业和林下产业、发展山水旅游，中国走出了一条生态效益、经济效益、社会效益多赢的绿色发展之路。

这21年来，大家还普遍意识到，农村发展既要重视"硬件"，也要重视"软件"，不仅要口袋鼓鼓囊囊，更要脑袋亮堂堂。各地区、各部门坚持物质文明、精神文明一起抓，全国所有行政村都有了农家书屋、电子阅览室和文化活动室，各地优化公共文化产品供给，乡村焕发文明新气象，广大农民精神文化生活日益丰富。"多看名角，少了口角""多一个广场，少一个赌场""多了欢声笑语，少了鸡毛蒜皮"……文明实践在广阔乡村扎实推进，让农村不仅是农民的居住空间和农业生产空间，而且是城市居民的休闲空间、乡土文明的传承空间；农民也不仅仅是从事农业生产的劳动者，更多以职业农民、新市民、新兴业态从业者等面孔出现，展现出全新面貌。

在这一系列重大变革的影响下，中国城乡二元结构逐渐被打破——随着城镇化、工业化高速发展，城乡二元结构、城乡区域发展不平衡不充分等问题开始逐步破解，1998—2018年，中国城镇化率从30.4%上升至59.6%，大量人口从农村转移到城镇。城与乡的边界越来越模糊。在不少地方，"农村是城市的后花园，城市是农村的CBD"。

可以得出这样一个结论：农村，正在成为人才的沃土；农业，正在成为让人向往的产业；农民，正在成为抢手的职业！

21年来，我的心一直被山两边牵动着。在浩荡的时代大潮中，山两边探索的脚步有没有停滞？从下吴先行到浒家后发，再从下吴思痛到两村摽劲，在摆脱贫困走向美好生活的道路上有没有新的沟坎？有着怎样的困惑，又有着怎样的期盼？观念生"锈"了，还是又生"金"了？

我感到，是时候再去山两边抓"活鱼"了！

浒家村面临"成长烦恼"

没想到，这次又出乎我的意料。

去前，我研究了一些资料，21年间，变化实在是太大了，连行政区划都与以前有了很大的不同：浒家村已经与周边的崇塘村、

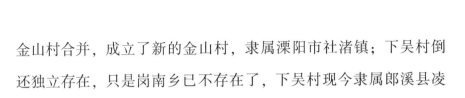

金山村合并，成立了新的金山村，隶属溧阳市社渚镇；下吴村倒还独立存在，只是岗南乡已不存在了，下吴村现今隶属郎溪县凌笪镇。

从研究问题的角度考虑，采访的视角依然是原来的那个区域，江苏这边也就是金山村的洑家自然村。

我先和溧阳市社渚镇的干部们进行了座谈。

座谈会上得知：这些年，洑家村各项工作仍稳步向前发展，尤其是农村居民收入增长得较快。村里成立了青虾研究院，"技术输出"已经成为经济的重要来源。小老板也多了起来，溧阳市建材市场那些老板许多就来自洑家村。

不过，那天傍晚，我在村里散步时明显有了一种陌生感。那种陌生感不是来自房舍、道路等基础设施的变化，而是冷冷清清的氛围和村民脸上的表情。

这与以前"黄发垂髫，并怡然自乐"的感觉太不一样了。

想随机找几户人家唠唠家常，街上却看不到人。家家房子都修得不错，清一色的小楼。黑漆漆的铁门大多关得严严实实，叩叩门环，无人应答。只有探出围墙的一丛丛蔷薇、开败的美人蕉耐不住寂寞，朝我打着招呼。

好不容易看到一辆白色轿车驶来，我向司机打招呼。戴着墨镜的司机探出头："村上年轻人大多在外做生意呢。在家里的都是老年人，睡得早。想找人，你得使劲喊。"

我向他道明来意。司机打量了我一番："你说的这些，我都不了解，也不感兴趣。"说完，一踩油门，走了。

终于，又逮住了一个遛弯的老大爷，想让他指指村支书住哪里。老人疑惑了半天："你问的是哪个村支书啊？我们这里的村支书走马灯似的换个不停，你得说清楚到底是哪个村支书。"

老人还算是帮忙，说："你想了解村里的真实情况啊，我可以给你找几个人，但不能在我家说。"

于是，我和村民有了一场"围炉夜话"。

了解到的基本情况是：日子确实是越来越好——房子越盖越大，道路越修越宽，环境越来越美，生活越来越方便。村里人人都有了医保，看病方便了，医药费也少了……

大家都谈到了这样一个情况：孩子们常年在外打工、做生意，村里的人气确实不如前些年旺了。

还有位老人说了这么一句："以前不管好赖，村里的事还有人过问，现在没人操心了。"

又一位老人插了这么一句："以前湫家是远近都知道的全国'红旗村'，现在听人家说，变成了市里的'软弱涣散村'。"说完他觉得有些失言，"我这也是听别人说的，就当我没说，就当我没说……"

那晚聊到了深夜。越聊，我的心情越沉重。

复盘一下整晚的谈话，整体感觉是：本想报道的重点、亮点，谁知成了弱点、盲点。当然，硬要找点亮色也还是有的，但那样是"只见树木不见森林"，违背了"宏观真实"与"微观真实"的统一。

稿子究竟该怎样下笔？我在床上翻了一夜烧饼，直到天亮，还是理不出个究竟。

那就看看山那边的情况，再做定夺吧。

下吴村正遇发展瓶颈

一大早，我就悄悄来到了下吴村。村头竖着一幅硕大的下吴村远景规划图。从时间上看，是五年前立的，上面标着下吴村这些年要完成的一个个项目。

不会是做做样子、花拳绣腿比画一番吧？我来了兴趣，想搞一个实地调查。

"按图索骥"，观光果园、农家乐、虾塘……我一个个"查"下去。足足"查"了两个多小时，我发现：远景规划图上，截至现在要完成的项目，一个个还真的落地生根了。

"查"完，我已饥肠辘辘，便信步走进村里一家民宿，想吃个早餐。

老板娘是一位 30 岁左右的女子，衣着很朴素，举止也没有生意人那种客套，透着山里人那种独有的热情。

我边吃边和她聊天，问起收入，吓了一跳。她说："一年有 80 来万吧。"

见我有些惊讶，她淡然说道："在下吴，这不算什么，年收入过百万的有好多家呢。现在家家户户过得都挺不错。"

当得知面前坐的就是当年写《山这边，山那边……》的那个记者时，她一下子激动起来："下吴人能有今天，还得感谢您呢！如果不是您的那篇报道，有谁会知道我们这个山窝窝里的小村子？又哪会有游客来这里？"

这些话，让我心里热乎乎的……

客观地说，这次看到的情形，下吴村的人气要比洑家村旺。但是下吴村的发展，也面临着不少问题。

一个种茶专业户告诉我，他有 100 多亩茶园，一年到头没少费劲，可年收入也就几十万元。原因是，尽管茶叶的质量非常好，但 1 斤也只能卖到四五百元钱，人家茶贩子从这里收了茶，贴上自己的商标，随便一卖，价格就翻了番。他感慨："谁让我们的茶叶没有品牌呢？"

"那为什么不设法创个牌子？"

他一脸茫然："怎么创？找谁去创？从哪里入手？您给指指路。"这一连串问号，说明了群众在致富路上的愁和盼。

在村委会办公室，我和一位值班的村干部聊了起来。他说："您那篇文章发表的时候啊，我还没进村领导班子。这些年，历届村'两委'班子上任，都要学习当年那篇文章。文章说得好啊！解放思想不能一劳永逸。这些年，下吴村在解放思想方面虽然一直没有停步，但还远远不够。譬如，伍子胥文化资源明明都在下吴村境内，却被别人早早抢注了几十个商标……说来说去，还是我们的思想解放得不够，商品意识不强，比人家慢了半拍。"

这是一个比较实在的基层干部。从我一大早的踏访来看，这些年，村里干了很多实事，可谈了一个上午，他谈的全是下吴的不足。譬如，谈到村里下一步的发展，他说："给钱给物，不如给个好支部；修桥修路，不如修个明白户。"他解释："现在，制约农村下一步发展的瓶颈，就是'明白人'太少。而'明白人'太少，我们这些村干部都有责任。俗话说得好，'提衣提领子，牵牛牵鼻子'。由于我们个人能力有限，怎么'提领子'，如何'牵鼻子'，还得学呀……"

走了山两边，我思考再三，最终做了这么一个决定：绝不强扭角度，也不硬做文章！这篇稿子，暂且不写了——这是我30多年新闻生涯中，唯一一次没有完成的采访。

改革不是一蹴而就、一劳永逸的，求索前行的道路上会有一道道沟壑、一场场艰辛、一次次阵痛。

我等待着，也期待着山两边新的蝶变……

第六章

全然换了模样

    2023 年，又访山两边，全然换新颜。洑家村是溧阳市首批争创江苏省特色田园乡村之一，村头的小河边就是果蔬乐园，滑梯、辘轳井点缀其间，一丛丛鸢尾花、蓝菖蒲开得正艳……下吴村成了安徽省乡村振兴示范村，粉墙黛瓦的徽式民居依山势错落有致，每栋房屋的侧墙上，都画着栩栩如生的民间故事彩绘，家家门前的月季花、栀子花，一朵比一朵笑得欢。

写山两边的笔，暂时搁下了，但惦记山两边的心，一刻也不曾放下。

我总会不由自主地回忆起这几十年来一次次在山两边与村民们攀谈采访的情景。这时候才发现，原来，在我内心深处，洑家村、下吴村有着如此沉甸甸的分量。

这些年，党中央始终把解决好"三农"问题作为全党工作的重中之重，不仅打赢了人类历史上规模空前、力度最大、惠及人口最多的脱贫攻坚战，还启动了乡村振兴战略。

作为时代的记录者，这些年，我到过大江南北很多地方调研采访，真切感受到山乡巨变无处不在：农业生产方式的现代化转变，使农业产量和农民收入大幅提升；对农村基础设施建设的持续投入，让许多乡村也能够享受到城市般的便利；村容村貌的现代化改造，令农村面貌焕然一新。

不过，我也发现，乡村产业规模小、布局散、链条短，品种、品质、品牌水平较低现象，并没有从根本上得到改观。

对于这些问题，中央已制定了解决方案，要求各地通过全产业链拓展产业增值增效空间，积极发展农产品加工、乡村旅游、休闲农业、文化体验、健康养老等产业。同时，中央对加强农村思想道德建设提出了新要求：乡村不仅要塑形，更要铸魂，推进农村移风易俗，孕育农村社会好风尚，把农民群众精气神提振起来。

中央还特别强调要加强和改进乡村治理。认为，当前出现的很多新情况、新问题，归结起来就是一个"散"字。要加快构建党组织领导的乡村治理体系，创新乡村治理方式，提高乡村善治水平。

2019年那次没有完成的采访，成了我的一块心病。大凡遇到从常州、宣城来的朋友，聊着聊着，话题就会不知不觉地转到山两边，总免不了问上一句："狄家村、下吴村现在怎么样了？"

朋友们对山两边的熟悉程度有深有浅，给出的答案也不尽相同。这愈加勾起了我对两个村庄的挂念。

这份乡情，是那样难以割舍！

"抽空回去看看，眼见为实！"朋友们总是这样撺掇。

是啊，眼见为实！

2023年是全面贯彻落实党的二十大精神的开局之年，也是实施"十四五"规划承上启下的关键之年。这年春天，党中央发出了在全党大兴调查研究的号召。

习近平总书记强调指出，调查研究是谋事之基、成事之道，没有调查就没有发言权，没有调查就没有决策权；正确的决策离不开调查研究，正确的贯彻落实同样也离不开调查研究；调查研究是获得真知灼见的源头活水，是做好工作的基本功。

为此，中共中央专门下发了《关于在全党大兴调查研究的工

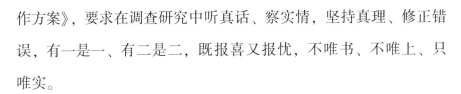

作方案》，要求在调查研究中听真话、察实情，坚持真理、修正错误，有一是一、有二是二，既报喜又报忧，不唯书、不唯上、只唯实。

在调查研究的总体要求中，特别指出，必须坚持问题导向，增强问题意识，敢于正视问题、善于发现问题，以解决问题为根本目的，真正把情况摸清、把问题找准、把对策提实，不断提出真正解决问题的新思路新办法。

作为新闻人，调查研究更是我们的基本功。在群众改天换地的实践中，无数个为什么、怎么样、怎么办，需要我们沉潜追索。怎样将问号拉直？只有到工作第一线，只有到基层最深处，只有到实践最前沿，才能抓到"活鱼"。

一山连两村，两村映家国，萦绕着过去、现在与未来的多重思考，于是，我和我的同事再次走进了伍员山。

竹海茶山、青草陂塘、田园屋舍、枕水人家……四月的江南，总是那么明艳！

都说"近乡情更怯"，果然是这样！回到久违的地方，我努力将眼前的一切与脑海中的记忆相印证，似曾相识却又恍如隔世，不由得生出沧海桑田的慨叹。

喜看狄家村新面貌

在狄家村山坡上的茶田里我找到了老支书王海清。

刚刚下过一阵豪雨，一缕缕丝带般的白云在山间飘来荡去，躲在白云后面的太阳若隐若现，茶树碧绿的叶片上便镀了一层银灰。从银灰中走来的王海清，让我的眼眶有些湿润。

"一晃眼，又有些年没见面喽！"跨出田埂的王海清，显然也很激动，一把攥住了我的手，棱峥的骨节还是那么有劲儿。他的裤管、鞋上沾满了泥土，就像当年初见时一样。

第一次见王海清，他还是个精壮的中年汉子，说话瓮声瓮气，眼睛炯炯有神，做事虎虎生风；而今，他已是满头银霜，背也不复当年那么挺拔。不过，说起村里的发展变化，他的思路还是同当年一样清晰明畅。

伍员山如果有记忆的话，一定会记住这个汉子跋涉的每一个脚印。当年，狄家村赶超下吴村，时任村党支部书记的王海清功不可没。是他，从上海水产研究所请来专家成功繁殖了罗氏沼虾；又是他，在开发荒山遇到资金难题时，带头将自己准备盖房的钱拿了出来，搞起了股份合作制；同样是他，在 1998 年我再访山两

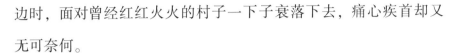

边时，面对曾经红红火火的村子一下子衰落下去，痛心疾首却又无可奈何。

一定是心里的话憋得太久，原本内向的王海清，此刻话多得刹不住，说着这些年村里的根根梢梢，眼神又像当年一样明亮。

"你看，这茶山，还是过去的样子吧？不过，种茶的技术可比以前不知道高了多少，这茶树的品种也更新换代过多少次喽。

"你还记得最早我们洑家用温泉水养的罗氏沼虾吧，后来改养青虾、黑鱼，也是大火！1 亩池塘，最多养过 5 万公斤黑鱼，还是供不应求。不过，这都是老话了。如今，为了保护下游天目湖的水质，鱼、虾都已经退养啦，不过青虾研究院还在，很多人都到我们这里学习养虾的技术呢。

"当年你写的《山这边，山那边……》《三年再访山两边》，弄出的阵仗可不小！如今，我们把这两篇文章放到村史馆最显眼的地方，时刻提醒着村里的年轻人，不要忘记村里这几十年走过的路。'观念生金'，你讲的这句话，真是说到了点子上！我们都记得。如今，它已经成了村里老少时常挂在嘴边的话。

"你当年采访过的那些毛头小伙子，现在都挑大梁啦，村里的未来要靠他们。虽然我七十多了，但还要为他们摇旗呐喊。每天有很多事要做，日子过得充实，觉得自己还不老……"

他一刻不停地说了足足有一个多小时，这才问我，是不是吃过饭了，要不要喝点水。一杯水还没喝完，他执意要带我到村子的角角落落实地看上一看。

印象中的砂石路，已经被柏油路取代。村头那片过去开满野萝卜花的荒坡和那条淌着污水的山溪，被打理成了绿油油的草坪和精致的鹅卵石观赏河。小河边，是占地100多亩的果蔬乐园，栽满了无花果、梨树、葡萄、百合。"果蔬采摘""亲子乐园"的卡通招牌、稻草人形状的滑梯、仿旧的辘轳井，点缀其间。岸边，一丛丛鸢尾花、蓝菖蒲开得正艳呢……

"认不出了吧？你上次来的时候，这一片还荒着呢，到处是杂草、垃圾，风一来，漫天飞舞塑料袋！"王海清指着眼前的开阔地，"现如今，这里成了露营休闲区。能停房车，能搭帐篷，还能采摘瓜果。一到节假日，坡上坡下满满当当都是人。白天一家老小摘瓜果、抓泥鳅、钓小鱼，晚上塘边露营、烧烤、唱歌，热闹得很。很多人来了就不想走，前不久，一对东北老夫妻开着房车在这里一下子住了十多天。"

"现在，来村里的游客是越来越多！你猜猜，现在我们村一年要接待多少游客？"我心里还在估算，王海清已经伸出一个巴掌，使劲晃了晃，"5万人次，还打不住！别小瞧这果蔬乐园，一年产值超过300万元呢！"

"你说也怪啊，我年轻的时候，一天到晚撅着屁股土里刨食，累死累活，连肚子也填不饱。后来，搞养殖、开发荒山，总算是有了几个活钱。现在的年轻人，可了不得了，挣钱的门路比我们多多了。你看他们现在过的日子！啧啧，那年头咱做梦都梦不出来。为什么呢？万变不离其宗，还是你说的'观念生金'呗！"在我面前，老支书开心得像一个孩子。

王海清带我沿着山坡上行，道路旁一栋栋土黄色小楼映入眼帘。

"这个你一定眼熟！这'土'房子，像不像当年你来采访时住过的那间？不过，这可不是当年的夯土墙喽，这是用真石漆仿制的，就为了留住洑家屋舍的老味道。旧皮新瓤，屋里面的陈设，城里有的，我们都有。真正的土坯房，村里也还留了几间，为的是时时提醒村里的年轻人，过去的日子有多艰难！

"你看，家家门口都停着小汽车。有印象吧，当年村里的路坑坑洼洼，连骑个自行车都难。我还记得，你第一次来村里采访的时候，我还骑车带过你呢，遇到上坡我使劲蹬都上不去。你怕我太累，后来，说什么也不肯坐我的车，非说要自己走走看看，天亮就出发，天黑还不见回来，就那么深一脚浅一脚的，一走就是一整天，可把我担心坏了……"王海清边走边说边回忆，两眼灼灼放光。

王海清的话，把我带回了当年的时光。一股暖流从心头涌起。

　　的确，村里的老宅，还在原来的位置，却统一做了修整，变得宽敞豁亮，每家门口的停车位都做了规划。街头有小花园，巷尾有垃圾投放点，破旧的院墙不见了踪影，家家房前屋后都种满了鲜花。

　　"海清啊，这居住环境，一点不比城里差。"我不由得感慨。

　　"说起来，洑家村能有今天的样子，和你大有关系呀！"看出我有些疑惑，王海清却故意收住话头，卖了个关子，像说评书般地来了这么一句，"且听我慢慢道来……"

　　从王海清的讲述中，我得知，洑家村面貌的大改观，是从2021年开始的。那一年，溧阳市拿出1.49亿元专项资金，带动项目建设总投资3.83亿元，启动了溧阳市特色田园乡村建设。当时，有6个村被列入首批争创江苏省特色田园乡村名单，洑家村就是其中之一。

　　"这6个村子，每个村子有每个村子的主题，各有特色。"王海清一一细数，"桂林村的主题是'青春不夜村'，专攻天目湖景区'夜经济'；牛头山村的主题是'莓'，围绕蓝莓做文章，打造'旅游+农业+文化'的特色产业；树头岗村的主题是'百合'，在百合花海中体验合家欢；西汤村的看点是'鹅'，主推乡村休闲游；钟家村的主题是'葫芦'，成了网红打卡点……"

　　"我们洑家村的主题么……"王海清笑眯眯地望着我，一字一顿地说，"山——这——边！看看，是不是和你大有关联？"

原来如此。

"山这边？"我有些不解，"什么意思？哦，对了，海清，你们是不是要把'山这边'建设成一种模式？"

"对喽！要让浃家村处处绿水青山，家家金山银山，人人寿比南山！"王海清得意地哈哈大笑。

"不过，说起来容易，要做到，可不容易！就拿这'清理垃圾、清理河塘淤泥，拆除违建、拆除围墙'的'两清两拆'来说吧，村里的干部们可没少花力气。"

"多亏了老支书带头！"陪同采访的村干部接过话，"过去，村里没规划，家家户户都想往外扩些'地盘'，要么是把围墙悄悄扩出几米，要么在围墙外面起几个柴火垛多圈些地……搞特色田园乡村，按市里的要求，要做到24个字：'着力整治、让出空间、提升功能、改造环境、注入文化、赋予灵魂。'让出空间，治理违章搭建必不可少。那么多人违章搭建，该从哪里下手？还是老支书觉悟高啊，带头拆掉了自家几间平房。"

受到表扬，王海清竟有些不好意思："吴士明等几个村干部也都做得不错。士明家好像也拆掉了好几间呢。"

有人带头，事情就好办了。就这样，村里所有人家的围墙、柴垛全部拆除挪走。一年间，浃家村拆除违建1500平方米，自愿有偿退出宅基地 22 户，盘活闲置房屋 2242 平方米。过去"见缝插针"、私自开辟的小菜地也被腾退出来，由村里统一规划后重新分配；村里新建了公厕，村民家原来的旱厕全部入户做了改造。

"腾出来的地方，被村里改造成了公共空间，建起了'山这边'展示馆、如意小食堂、游客服务中心……现在走在村里，心情和环境一样，别提多敞亮！"走了大半天，王海清丝毫没有倦意，拉着我一一去参观。

洑家人的努力没有白费。2022 年，洑家村成功入选江苏省特色田园乡村。

"不过，比起这个荣誉，村里人更想获得的称号是——'最美省际边界村'！"王海清笑着说，"要想获得这个称号，可不太容易，山那边的下吴村也在争这个称号。这些年，人家一直跟我们摽着劲呢！"

看来，这么多年过去了，洑家人的山两边情结，还是没有化开啊。

"下吴村现在又是怎么个状况？"我顺势追问。

在我心里，山两边就像一对兄弟，有着同样的分量。

"说实话，人家那边的发展，一点也不比这边差！"王海清说得很坦率。

"要不，我们现在就过去看看？"他带着我立马来到了山对面。

下吴村脱胎换骨

"走的是黄土路，晴天浑身土，雨天烂泥汪；住的是土坯房，冬天不挡风，夏天不遮阳!"这是我 1995 年第一次造访下吴村时了解到的情况。

虽然 1998 年的那次重访，下吴村的面貌有了不小的改观，但这一次再到下吴村，我仍然被中国农民身上蕴藏着的巨大创造力深深震撼了。

这个昔日偏僻落后的村子，如今已经成了安徽省的乡村振兴示范村。

无论大街还是小巷，均是高等级柏油路，不仅垃圾不见了踪影，就连落叶也被清扫得干干净净。村子中心，是青砖墁地的村民广场，两侧写有"出将""入相"两组大字的文化大舞台，是乡亲们娱乐休闲的好去处。

已然脱胎换骨的下吴村，美得让人有些不敢相信：依山势错落有致地分布着粉墙黛瓦的徽式民居；每栋房屋的侧墙上都画着与村子有关的民间故事，每一幅彩绘都是那样栩栩如生。"伍牙飞翠""马履涧溪""昔慢·乐山"……一个个充满诗意的地名，让我们一下子踏入两千多年下吴村的过往。

"相传在春秋时代，伍子胥为了助吴伐楚，曾在伍员山附近大举练兵。后来又从吴国迁移近万人到这里安家立业，将这里发展成为一个繁华的集市。"在村里的伍子胥文化记忆馆，"一掷千金报恩德""山神护牙振君威"……一个个伍子胥的故事让游客们听得津津有味；沿着村道漫步，路旁的上马石、跑马道、报恩井……一处处充满传奇色彩的历史遗迹引得游人纷纷驻足拍照。

缘伍员山脚下的"茶绿樱红"主题步道向上，在层层修篁、片片茶田间，点缀着一个个文化体验点。嗅着山野间不知名野花的芳香，三五成群的游客有的目不转睛地欣赏着传统制茶五大工序的实操，有的在村民的指导下自己动手感受竹编的乐趣。

在下吴村，岁月都仿佛流淌得慢了下来。难怪，如今的下吴村，主打的就是现代田园乡村"慢生活"！

绕过一湾清清的池塘，眼前几座漂亮的楼房比肩而立。楼房的倒影扎进了水里，水里便长出了一排楼房。几只调皮的鸭子"嘎嘎"叫着划水而过，于是，水中的楼房颤颤悠悠跳起了舞蹈。

家家户户敞开着大门，门前都有一个别致的花坛，月季、栀子花，一朵比一朵笑得欢。院落里，或是一丛修竹，或是一排香柚，或是几株蜡梅，均枝叶繁茂，泼泼辣辣的生机透过绿篱大大咧咧向院外挥洒。

我们信步跨入其中一家。

客厅足有 40 多平方米，屋顶一盏枝形吊灯颇为气派。屋主人正在厨房里忙活。锅里的炖肉香味扑鼻而来。案板上，放着一把嫩嫩的香葱和两条新鲜的大鲫鱼。

主人名叫段奇胜，40 来岁，个头不高，举手投足无不透着干练。

听我们说明来意，他泡上一壶自家炒的清茶，热情地和我们拉呱起来："我从十几岁起就出门打工了，走南闯北做的是机电安装的生意。辛辛苦苦打拼了 20 多年，自己也当上了老板，一年怎么说也有个几十万元的收入……不过，这些年，村里环境越来越好，生活也越来越方便。我读书不多，对文化人说的乡愁理解不深。可是随着年龄越来越大，梦里都是小时候的一草一木。左思右想，还是抵不住诱惑，一跺脚便回村定居了。村里的产业虽然规模不大，但很有前景。这不，回来后，我承包了 100 多亩山林，种上 80 亩茶树、40 多亩竹笋，收入也很不错呢……"

段奇胜带着我们参观了他的住所，还特别自豪地指着挂满了一面墙的奖状对我们说："这些，都是我女儿得的！"看得出，结束在外奔波的日子回村定居，和父老乡亲，特别是和爱人、孩子朝夕相处，浓浓乡情、融融亲情让他感到格外惬意。

谈起村里和谐的邻里关系，他赞不绝口。指着门口的一堆玩具，他给我们举了个例子："我家大门从早到晚就没有关过，孩子的玩具都是放在门口，从来不会丢。邻居家孩子拿去玩了，还会洗干净放回原处。你们发现了吗？我们村里各家各户都没有围墙。要围墙干吗？这些年村里从来没出过治安案件，乡亲们连红个脸的情况都很少。"

和段奇胜聊了半晌，他说的一切让我都有了到这里定居的念头。

从段奇胜家出来，一位50多岁的女子骑着电动车迎面驶来，我们和她聊了起来。她说她叫孙裕志，是村里的医生，刚刚为村民做面访回来。

她邀请我们到她的诊所看看。

她介绍说："面访是我日常工作的重要一项。我服务的村民，有2576位，其中，有500多位是老人。不光诊病，每个季度，我还要对村里的饮用水、食源病情况进行抽检。每天都是这么忙，已经习惯了。"性格开朗、为人热情、做事爽利是孙裕志留给我的第一印象。

孙裕志祖祖辈辈生活在下吴村。她20岁从卫校毕业后，就回村做了村医，这一干就是30多年。

行医多年，每天都在和老百姓打交道，这让孙裕志十分健谈。结合自己的工作，她和我们聊起了身边的变化："以前，村民看病可麻烦了。山区嘛，交通不便。公路还没修到村民小组的那个时候，到村民家里巡诊都靠步行，遇到急症，能把人急死。现在，交通状况你都看到了，就是到郎溪县城，也就是一眨眼工夫。诊病也方便多了——瞧，病人的情况全在这里边呢。"孙裕志顺手拿出台平板电脑展示给我们看，"村里每个人的健康状况和慢性病情况在这里面都记得清清楚楚……"

说话间，一位老汉来诊所找孙裕志看病。将身份证号输入机器，老人的健康状况、就诊记录一下子出现在电脑屏幕上。"还是高血压的老毛病！您看，距离您上次来我这里开药，已经有 2 个月零 7 天了。降压药，家里还有吗？不能自己觉得没事了就停药，必须坚持吃，不能停！"孙裕志一边给老人测量血压，一边反复叮嘱，老人连连称是。

"现在，村民的健康意识比以前强太多了！像高血压这种慢性病，放在前些年，根本不会有人来瞧。"把老人送出门，孙裕志回过身，深有感触地对我们说，"以前，看病、吃药，得花不少钱。像这慢性病终身服药，是一笔不小的开支，更严重的，比如要做透析，一次就得五六百元，一周两三次，一般人家哪负担得起？很多村民生了病，是能拖就拖、能扛就扛。现在，有了农村医疗保险，药钱和治疗费用都降下来了，一次透析自己只需要负担50元钱。大家觉得看病吃药不算是很大的负担，健康意识自然就提高了。每年我们都会给村里 65 岁以上的老人做体检，过去基本没人来，现在体检率已经超过 85%。我们的目标是做到 100%。"

说着，孙裕志掏出自己的手机："你看，我建了一个'下吴服务群'，哪些村民什么时候要复诊、什么时候该拿药，我经常会在群里提个醒。大家的回应也都很积极，'很听话'！都说'上医治未病'，我们日常的工作越忙，村里父老乡亲的幸福感就越高。这么算起来，再忙，都值！"

听说记者来调研，下吴村党总支书记蒋福金立刻赶了过来。一见面，这位 40 多岁的汉子就热切地对我讲："《山这边，山那边……》发表时，我还是个年轻人。当时我就憋着一股子劲，下吴村一定要干出一些名堂来，让您再来看看。这回，可算把您盼来了！这些年，下吴村、洑家村，都发生了翻天覆地的变化，您得替我们好好说道说道哟！"

其实，眼前的景象、村民们的讲述已经说明了一切：今天的"山两边"，都已全然换了模样！

换了模样，表现在方方面面！哪怕是如此偏远的伍员山区，信息传播之快捷，也令我们惊讶。在下吴村的采访还没有结束，我的朋友圈已收到了这样一篇文章——《我们的王记者，回来了！》，这是郎溪本地一个微信公众号发布的。这个公众号的作者，满怀深情地回顾了前几次我来下吴村采访的点点滴滴，说两个村的发展与进步，我功不可没，每一次采访，对当地的工作都是一种促动。

不一会儿，溧阳一个微信公众号也讲了我这次采访的事，写道："当年山两边两篇通讯的作者王慧敏先生带领调研组再次深入两地，解析新时代乡村振兴的密码，讲述伍员山唇齿相依、阡陌相连的两个小山村跨越近30年攒着劲携着手的发展历程……"

既摽劲又携手

一丛丛蒹葭、蒲苇将一汪不大的水塘勾勒出了诗意。浅水处，一只白鹭单腿站立着，对着自己的倒影若有所思。水塘边，几棵硕大的银杏树蓬蓬勃勃织出了一片清凉。

洑家村村民组长吴士明的家，正对着这口池塘。坐在他家门口的树荫下，轻风拂过，草的清芬和花的幽香丝丝缕缕沁人心脾。

"你猜那是做什么用的？"吴士明指着树下几张半米多高、三米来长的凳子问我。

"那是我当年养蚕用的脚凳！"不待我回答，吴士明自己说出了答案，"当年最多的时候，我家养了三'纸'蚕，分匾时，把三间屋子铺得满满当当！蚕吃桑叶的声音，就像下雨一样'沙沙沙'……"忆起往事，吴士明不由得眯起了眼睛。

"20多年前，你来我们汰家村时写的那篇文章里是这么说的嘛：'调整结构要随着市场变化不断变化。'汰家村能有今天，确实就是一步一步'变'出来的。最早只知道埋头种粮，后来用温泉水养罗氏沼虾，开发荒山种板栗，种桑养蚕。再后来呢，蚕丝掉价，我们就挖掉桑树种茶，绿茶不行种白茶，白茶降价就种黄金茶……你看，变来变去，把我这脚凳变成'老古董'喽!"

"变"，不单单是汰家村。这些年，下吴村一步不落，瞄着山对面呢!

吴定义，是下吴村的种茶大户，也是村里公认见多识广的"能人"。

从1992年开始，"天生不安分"的他外出打工，做起锅炉密封的生意。全中国有火力发电的城市，他都去过。后来，看跑运输更赚钱，他就买了车，组建起运输车队……2012年，吴定义又做了一个重大决定：把货车卖了，回乡种茶。

为什么？

"守着这么好的山水资源，如果不能发挥好效益，那就太可惜了!"吴定义说。看到山那边种绿茶、搞水产前景大好，吴定义把这些年跑运输挣的钱全部拿出来，在村里一下子流转了210亩茶山和40亩鱼塘。

从"把方向盘"到"伺候茶园"，这个转型，对吴定义来说着实不易。过去他常年在外，家里的 5 亩茶园都是妻子在打理，即便到了最忙的采茶季，他也很少能腾出空回家帮把手。

现在，他必须边种边学，边学边种。凡是有学习培训的机会，他一场不落："什么时候开始剪枝，什么时候适合下肥，种植行间距多少最合适，病虫害又如何防治……只有多跑多看，对茶叶种植和销售运营才有新认识。"

天道酬勤，两年下来，吴定义的荷包塞得鼓鼓囊囊。

如今回过头来看，人们不得不佩服他超前的眼光。吴定义却说："其实，我想转行种茶，还是受你那篇文章的启发。当年那篇文章发表后，我是读了一遍又一遍。文章里说了嘛——观念生金啊！"

或许正是因为牢牢记住了"观念生金"这四个字，虽然钱赚了不少，但吴定义始终不敢有一刻放松，他时刻瞪着眼睛、竖着耳朵，关注着山那边的一举一动。不久后，从洑家村那边传来消息：绿茶很快会被市场淘汰——人家已经开始种白茶了。

"悄悄打听发现：乖乖呀，绿茶、白茶，一字之差，收益可就差得大了！那边 1 亩地比我们多赚 5000 多元呢！"吴定义果断挖掉茶树，从浙江安吉引进白茶和黄茶，之后又引进了效益更高的奶白茶。"普通成品绿茶 1 斤也就卖 200 多元，而奶白茶的鲜叶，1

斤就能卖到 400 多元。"

这不，"美丽乡村"从图纸变成现实，让吴定义又看到了新的商机。他果断买下村里一家废弃的老茶厂，紧锣密鼓开起了民宿。

"以前，说绿水青山就是金山银山，大家可能体会不深。现在越来越明白了，好环境好生态，真的能大把大把赚到钞票呢！"望着窗外的木栈道、石板路和湖边悠闲啃着青草的山羊，吴定义悠笃笃地说，"我的民宿，周末节假日早早就订光了。养的鸡、种的萝卜，城里人稀罕得很嘞。茶叶也跟着卖出了好价钱……"

"现在，经常会有山那边的同行来找我取经。"吴定义很得意。

宣城市委书记李中碰巧正在下吴村调研。这个颇有书卷气的干部很接地气，无论是下吴村还是洑家村的情况，他都了如指掌。他谈了对"山两边"发展路径的认识："这些年，山这边山那边，不但摽着劲，也一直携着手呢，经历了比学赶帮超、肩并肩共富裕的历程。两村的实践，让我们明白了这样一个道理——农业要改变弱质性，必须切实在提高'质'上下功夫，不但要生产优质的产品，还要培育优质的加工体系、优质的市场体系。如此，好产品才能有好收益，好山水才会有好回报。"

在下吴村新建的茶叶交易市场，往来穿梭的快递车令人目不暇接。接单，打包，装车，一气呵成，一箱箱茶叶从这里发往全国各地。我们还没走进销售门店，便听见穿牖而来的询价声、欢笑声、噼噼啪啪的键盘敲击声。

如今的下吴村，是郎溪县凌笪镇赫赫有名的茶产业专业村，村里 19 个村民组 827 户人家，几乎家家都有茶园。2016 年，下吴村建成白茶产业扶贫基地，吸引了江苏天目湖生态农业有限公司入股合作。

每年 3 月下旬到 4 月中旬，是村里 1.1 万亩茶园的采收季。鲜叶从山上采下来，必须当天加工成茶叶；没有条件制作的，当天也要把鲜叶卖出去。

以前，无论是现采的鲜叶，还是制好的茶叶，要么到县城"蹲市场"，要么就送到村口的社平路交易。久而久之，这自发形成的路边交易市场，吸引了很多苏浙皖客商。

客商多了当然是好事，可烦恼也来了——茶农把一担担茶叶摆在路边，客商一个个翻拣，把这条 300 米长的马路堵得死死的。

不仅如此，因为缺乏统一管理，经常有大客商垄断市场，有时候，上午鲜叶能卖到 115 元 1 斤，到了下午就被压到 95 元 1 斤，价格压得茶农心疼。因此，村里建个正规的茶叶交易市场，是下吴村茶叶经营户一直以来的心愿。

"过去，卖茶要靠撞大运，有时候跑断腿、磨破嘴也拉不到几单生意。现在，村里建起了茶市场，'千里买卖一线牵，买家卖家鼠标连'！"茶叶销售门店里的那位大姐穿得很时尚，说话也很风趣，"现在，开网店、拍视频、做直播也成了农民重要的劳作方式，新农具就是这手机、电脑……"

下吴村建起了茶叶市场，统一管理货源、质检、品牌、营销；山那边洑家村也不甘落后，正在建设茶产业溯源平台，防止鱼目混珠，保护茶农利益……

人人争做"技术流"

忙完了一天的活计，傍晚，洑家村的几位村民坐在村头的凉亭里摇着蒲扇聊大天。一抹晚霞铺在天际，空中好像着了火，村民的话题也很"火"。

"听说今年枇杷果子小，卖价降了一成多?"

"可不是嘛！我刚从批发市场回来，确实降了。"

"我想改种蓝莓，不知道行不?"

"听说种蓝莓得用腐叶土，酸碱度不好调。"

"这倒不怕，有老曹呢！"

…………

在乡亲们口中，这位"老曹"可神着呢，似乎无所不能。

真有那么神? 我们一定得去见识见识。

第二天一早，在村民指点下，我们沿着公路拐了两次弯，在一个土坡上，找到了老曹家。

老曹，大名曹帮清，是村里的农业技术员。此刻，他正在院子里给果树剪枝。

老曹家的院子很宽敞，长满了各种各样的果树，有的已经挂果，有的花儿正艳。角落里，一群鸡鸭正悠闲地踱着方步，不时发出几声欢快的叫声，为这静谧的院落增添了几分生气。院子一隅，静卧着一方小小鱼池。几株翠绿的植物在池边随风摇曳，与池中畅游的鱼儿相映成趣。

他精瘦精瘦，脸庞黑黝黝的，皂白分明的眼睛分外有神，一看就是一个常年在泥土里摸爬滚打的汉子。

和曹帮清聊天不是件容易的事。不善言谈的他，问一句他答一句，像挤牙膏似的。

听到我们转述村民们对他的称赞，他也只是嘿嘿一笑："一般吧，哪有那么神？"

他把自己的一身本事归功于当年的村党支部。

洑家村刚开发茶园的时候，一时见不到收益。正一筹莫展，邻村一位来走亲戚的农业技术员点醒了洑家人——为什么不在茶园里套种西瓜、太子参？听了这位农业技术员的话，转过年，不仅茶园管理员人均收入超过了3000元，村集体还赚了1.7万元。

借着这个法子，狄家村又在新种的果木林间套种了些经济作物，既改良了土壤、减轻了草害，又增加了收入，降低了开发成本。

狄家村党支部一下子"开了窍"：村里的问题，表面上看是缺"财"，但根本上是缺"才"啊！

于是，党支部出面，聘请6位有高、中级职称的技术员来村里当顾问；同时，先后派出183人次到外地接受农业技术培训，曹帮清就是其中的一员。

派这么多年轻人到外面学习，有不少村民心里犯了嘀咕："可是要花不少钱哟！村里的经济刚刚有一点点起色，还不如把辛辛苦苦赚到的钱先分了！把钱就这样花在年轻人身上，万一他们什么也没学到，钱打了水漂，这些年大家不就白忙活了吗?!"

村民的顾虑并非一点道理都没有。不过，党支部还是顶住压力，耐心给村民们做工作："谁不想多挣钱？可凡事都得看长远。分财，是一时痛快了，以后怎么办？育才，是为了一直有钞票赚。有了人才，花出去的学费，早晚都会连本带息赚回来，绝对亏不了本！"

派出去的年轻人，也是个顶个地争气。两三年工夫，开了眼界、长了本事的他们回到村里，没让乡亲们失望。

就拿曹帮清来说，在徐州农校学了三年果树栽培，归来后小试身手，就让村民们尝到了有知识、懂技术的甜头。

当时，村里荒山上长满了野生板栗，但那野生板栗个头小、口感差，根本没人愿意买，宁可让它在山头上自生自灭，也没几个村民肯费劲去摘。

曹帮清回村后干的第一件事，就是带着村民搞板栗嫁接。

"那可是 1000 多亩板栗树啊！一棵一棵，都经过我手逐一'过堂'！"忆起当年，少言寡语的曹帮清禁不住有些激动，话一句接着一句。

别看村民们有样学样地跟着曹帮清干，但他们的心里都在打鼓："这能行吗？"

能不能行，当年就有了答案。经曹帮清嫁接的板栗树，真的像变戏法一样换了样儿，个个果实饱满、味道香甜，1 斤卖到了 5 块钱，比当时的市价高出了好大一截。

"真的能点石成金哎！"乡亲们这下开了眼。曹帮清一下子火了，成了村民争抢的"活财神"，人人都想请他到自家地里给果树把把脉。

在曹帮清等农业技术员的带动下，洑家村掀起了学技术的热潮。此后，每年举办的各类技术培训班、技术报告会、科普讲座，每次"课堂"都被挤得满满当当，茶叶、板栗、特种水产等技术培训，把课堂搬到了山间、塘口。村里要求，所有的培训，无论多忙，党员干部必须带头参加。几年下来，85%以上的养殖户都掌握了一两门实用技术，普通农户的种植养殖技术也嗖嗖提高。

当年那批被送出去培训的年轻人，先后获得国家发明专利 16 项，成了村里发展各项产业的顶梁柱。此后，洑家村青虾养殖推广辐射全国，洑家村茶叶年年被评为溧阳市优质名茶，洑家村食用菌场成为溧阳市规模最大、经营品种最全的菌场，洑家村早繁鳜鱼品种全省仅此一家……洑家村产业干什么成什么，他们功不可没。

这些年轻农业技术员的出现，不但直接带动了乡亲们致富，还产生了外溢效应。这种效应一直延续到今天，十里八乡的乡亲，提起洑家人，无不跷起大拇指："都是些能人！"

将农产品做出特色的洑家人，很快走上了品牌发展的产业化之路。如今，在洑家村游客服务中心，带着洑家品牌的各种特色农产品琳琅满目，光是茶叶，知名品牌就有六七个。由于率先打品牌闯出了知名度，相同品质的茶叶，产自洑家村的，售价比产自周边地区的高出两倍多，而且更受欢迎。

这让下吴人艳羡不已。而更令他们感到吃惊的是，山那边的人，竟然在不到 10 年的时间里，就在他们的眼皮子底下，硬生生将"天目湖白茶"这个品牌"无中生有"地创了出来。

原来，包括洑家村在内的溧阳地区，虽然种植茶叶的历史很悠久，却从来没种过白茶，20 世纪末才从浙江安吉引种了白茶，完全是从零起步。不过，精明的溧阳人没有"一引了之"，而是不断改进白茶种植方法、精进加工工艺、完善产品商标保护，短短几年，"天目湖白茶"的名头越叫越响——2006 年被评为江苏省名牌产品，2010 年成为上海世博会"中国世博十大名茶"之一、农业部批准的国家农产品地理标志产品，2017 年在国际茶赛中被评为绿茶组三大名茶之一……

钦佩之余，下吴人加快了脚下追赶的步伐——每年都邀请科技特派员来村里培训茶叶种植技术；村委会注册了"兔子岭"等茶叶商标；请专业人士，手把手教村民开网店、拍视频、做直播……

一批农业技术人才由此脱颖而出。

如今，论"才"，山这边下吴村邱君烈的名头，一点也不比洑家村曹帮清小。在下吴村，一提邱君烈，村民们都会脱口而出："哇！那可是茶专家。"

"我是村里较早种茶的那一批。一开始，什么也不懂，两眼一抹黑，只能跟在承包下吴村茶园的外地茶农后面偷着学。偷艺，哪里有那么容易？人家留了一手呢。后来，村里为我们开了培训班，请技术员手把手教，这才上了道……"

"师父领进门，修行在个人。"凭着刻苦钻研，邱君烈很快成了种茶好把式。

"'一块石头垒不成山。'为了大家都能过上好日子，我成立了'山这边山那边茶叶种植专业合作社'，把自己的种茶经验与大家分享。"邱君烈向我们展示了他手机里的"绿茶之乡茶业交流群"。

群里每天都会在"云端"召开经验总结会、信息分享会、技术研讨会……近200户茶农聚在这里切磋种植技艺。作为群主，邱君烈定期为大家义务讲授茶叶病虫害防治技术。茶农遇到难题，只要在微信群里说一声，邱君烈马上赶到帮着解决问题。

在曹帮清、邱君烈这些乡村技术达人的带领下，山这边、山那边，人人争做"技术流"：养虾，求教"青虾研究院"；育茶，依托"生态科技园"；种菜，背靠"高端野生蔬菜培育基地"……

如今，洑家村里每年都要组织50多场农业技术培训，学习茶叶种植与加工、电商平台、野生水培蔬菜种植等专业技术，帮着村民向职业农民转型，引导村里的产业从传统第一产业向一二三产业融合发展转型。一年下来，参加培训的村民超过2700人次。

下吴村也不遑多让，围绕茶叶产业、特色水产、花卉苗木、优质稻米这些村里的特色产业，给乡亲们"找师父"。就算在农忙时节，也有不少村民报名参加农民夜校。那些由农业专家、农技推广员、龙头农业企业负责人、合作社带头人主讲的课程，让他们大呼过瘾。

"现代化农业的核心是'人'。如果没有懂技术、善经营、会管理的'新农人'，即使再好的土地资源，也无法充分发挥它的产业价值。"郎溪县农业农村局局长吴晓由衷地感慨。

这一点，山两边的乡亲们在闯市场的起起伏伏中更是有着深刻的体会。他们不满足于埋头用蛮力，而是苦练内功学发力使巧力——不少农民拿到了新型职业农民证书。

有"技术"加持，山两边农民增收犹如顺坡推碌碡——快上加快。在其后的调研中，我们得知，近 30 年来，无论是下吴村还是洑家村，村民的人均收入都增长了 20 倍以上。下吴村集体经济收入从原来的不足 3000 元提高到 170 多万元；而基础好一点的洑家村还要更高些，村集体经济收入接近 300 万元。

涵育乡风有妙招

晴日里的洑家村，池塘如镜，波澜不惊。塘边丛生的菖蒲，仿佛翡翠镶边，将这汪碧水装点得愈发清新雅致。村口几株乌桕，静静地伫立着，新叶初绽，嫩绿的叶片在阳光下泛着晶莹的光泽。偶尔，有几只小鸟轻盈地在树枝间追逐，演绎着春天的舞蹈。

走着走着，我们被一对夫妻爽朗的笑声吸引。只有发自内心的欢喜，才能散发出如此魅力。

我们上前攀谈得知，男主人姓宋，村民都亲切地称他"老宋"。从 20 世纪 90 年代初开始，老宋就带着妻子在外面打工。他在建筑工地做钢筋活儿，每月有一万元收入；妻子在工地上做饭，每月也能挣四五千元。2020 年，听说村里马上要开展"美丽乡村"建设，夫妻俩觉得是个机会，一合计，回村里开起了洑家村第一家农家乐。

"这农家乐，一年能挣到 20 多万元。此外，我们还承包了几亩茶园，每年又有两三万元的收入。算起来，不比在工地干活挣得少。"此时，离准备午餐还有一段时间，两口子在屋里找了张桌子，和我们聊了起来。

他们的农家乐规模不大，只有简简单单四张桌子，擦得锃亮，能照出人影。几个闲坐的老人正捧着茶杯，天南海北聊天，大声开着玩笑。显然，老人们早就将这里当成了平日聚在一起闲谈的"据点"。

"一到饭点，这里可就挤得满满当当喽。不光是游客，村里的年轻人啊，逢年过节、周末假日一回村，也都喜欢带着全家老小到我们这里吃饭，真是要把人忙死哟！"话虽这么说，可那高兴劲儿，分明写在他们灿烂的笑容里。

夫妻俩经营农家乐，菜都是家常菜：伍员山上的竹笋，庭前屋后菜园里的青菜，再配上自家腌制的咸肉……"我们的手艺肯定比不上大饭店，可原汁原味，人家都说好。"老宋恳切地说。同样是爱笑的两口子，丈夫笑得沉稳内敛，妻子笑得豪爽张扬，形成的强烈反差，让人忍俊不禁。

我们注意到，餐厅墙上贴着一行小字："长期收购土鸡蛋、竹笋。"下面留着一个联系电话。

"收来的土鸡蛋和竹笋，有些我们做菜用，有些卖给外地客人，他们稀罕这些土特产！多少钱收，就多少钱转卖给他们，我一分钱不赚的！"妻子笑着说。

"不光不赚钱，有时还贴钱呢！"旁边一位老汉一直在听我们聊天，这时加了进来，"每年春天，这两口子都到伍员山上挖嫩竹笋，游客来吃饭，免费送给人家带走。还有哦，前两年，村里搞'美丽乡村'建设，有的工人过了中午还没吃饭，他们两口子就主动做了盒饭送过去；有游客错过了饭点，找上门来，他们重新开火下个馄饨、做个蛋炒饭让客人尽管吃，还不收钱……"

"钱是好东西，可我们不能光盯着钱看哪！举手之劳，就图个高兴！高兴，是多少钱都买不来的。大家都高高兴兴，那日子过得多有意思啊！"老宋挥挥手，笑着截断了老人的话头。

"这么多年，我们在外打工，老娘岁数大了，都是乡亲们照顾着。现在，我们回来了，为村里做点力所能及的事，也算是对乡亲们的一点回报吧。"他依旧慢条斯理地说，回村里"自己做老板"收获的最大幸福，是可以在身边照料已经81岁的老母亲。

老宋的老母亲住的地方离农家乐不远。我们正聊着，老人一推门进来了。虽然年过八旬，但老人浑身上下收拾得清清爽爽，精神也不错。问起老人现在的日子，她眼神中透着满足："我是越老越有福了，不光是儿子媳妇，左邻右舍人人都对我很好。谁家做了好吃的，谁家树上新果下来了，都先想着我老太太。这种日子才有活头。"

说到这里，老太太突然想到了什么，说："不光村上的人对我好，现在政府也很关心我们老年人，村里每月还给80岁以上的老人100块'尊老金'，100岁以上的每月给1000块。我也想领这1000块呢！"老人说完哈哈大笑。周围的人不约而同给她鼓起了掌。

"老宋，家里来了客人，你不唱几句？"有村民在一旁鼓动。

夫妻俩爱唱歌，村里人尽皆知。"她比我唱得好听。"老宋用手一指妻子。

架不住乡亲们一再"起哄"，女主人爽快地解下围裙，用手捋了几下头发，清了清嗓子，放开歌喉："我们的家乡，在希望的田野上，炊烟在新建的住房上飘荡，小河在美丽的村庄旁流淌……"

伴着优美的旋律，乡亲们笑着拍手打着节拍，歌声、欢笑声传到门外，引得远处场院里的几只麻雀也侧过头来朝里面张望。

老宋说："1988 年我们刚结婚那辰光，日子远没有现在惬意。一天到晚想的是怎样才能不为钱发愁，哪有心思唱啊！看看现在，村子这么美，日子这么好，情不自禁就想唱起来、跳起来！"

欢笑，不只在洑家村。

下吴村的村史馆，名字叫"山这边"。陈列室里，一面笑脸墙很是引人注目。照片的主人公都是下吴村的村民，他们或开怀大笑，或扬眉朗笑，或浅浅微笑……张张笑脸透着真诚，神怪气愉发自内心。

"相比洑家村，我们村的人均收入还有一定差距。可村民的幸福感、获得感，一点也不输给对方！"站在笑脸墙前，蒋福金这样向我们介绍。

一旁村民王科接过话头，佐证了蒋福金的观点："我们下吴村，乡风好得很呢！这些年，别说打架斗殴了，连拌嘴吵架都很少见。大家亲得像一家人，遇事都互相帮衬着……"

脸膛黝黑、体格粗壮，总爱穿一身迷彩服的王科，是茶叶经营户，也是一个爽直的热心人。我们边走边聊，到他的店里看看。

和村里很多年轻人一样，1988 年出生的王科，也是很早就外出打工了。30 岁那年，他辞去了在外地矿山搞爆破的工作，回乡创业。

王科经营的一爿小店，面积不大，进进出出的人却不少。其中，不仅有客商模样的外地人，也有挑着担子的本地老乡，尤以上了年纪的村民居多。

"回乡创业之初，我给自己定了一个小目标——第一年，要销售干茶300斤。"多年在外打拼，王科深知规划的重要性。见识过太多成败的他，有一个信条——凡事，要量入为出。于是，经过测算，根据自己设定的"小目标"，他承包了村里40多亩茶园。

第一年，他的"小目标"如期实现。之后这些年，他的生意越做越红火。如今，每年的干茶零售量超过了2000斤，陕西、河北、内蒙古的客商也都大老远来订货。

自家产的鲜叶远远不够用了，怎么办？

按"规划"，很简单——扩大自己的茶园规模！

不过，王科没那么做，而是从村民手中收购。

一篮一篮收散户的鲜叶，费力不挣钱，更何况，王科开出的收购价，往往比当天的市场价还要高一些！

为什么要这样做？

"我想着，这样可以尽可能帮着村里人一起致富。散户挑担卖鲜叶，是个很辛苦的活儿，来我这儿卖鲜叶的，又多是村里的老人家。乡里乡亲的，我能照顾就尽量照顾，不能亏待了老人家……"

如今，新建的茶叶交易市场就在王科的店后面。说起来，这个市场能顺利建成，和王科有很大关系。

当初，为了建市场，下吴村花费了很大功夫，最后，从县乡村振兴局争取到了174万元农村基础设施衔接资金，解决了钱的问题。

建市场的钱是有了，可场地到哪里去找，又成了一个新的问题。如今的下吴村，也是寸土寸金！村民们聚在一起合计着，犯了难。

"先用我的空地建吧。"就在这时，王科站了出来。

要知道，王科的1.8亩"空地"，就在下吴村党群服务中心旁边，是名副其实的黄金地段，本来王科是打算用它建自家茶叶加工厂的。

王科带了头，周边的几位村民也纷纷响应。就这样，建茶叶交易市场需要的4.8亩地，很快得到落实。

"建茶叶交易市场，是村里多少年一直盼着的大事，还能带动起村里的旅游，连带着乡亲们的小竹笋、乌米饭这些土特产都能搭上车！我自己的加工厂嘛，以后再说！"王科说得很爽快，"咱不能只想自己、只看钱，邻里之间，最重要的是人情味。这才是农村该有的味道！"

这"农村该有的味道"，并非与生俱来，需要涵养。

过去，随着外出务工的村民越来越多，亲密无间、淳厚朴实的乡风也一度发生过变化。

"以前，大家低头不见抬头见，有什么事情，村干部或是村里德高望重的老人一发话，大家都听。后来，走南闯北的人多了，一年都见不上几次面，人情也就淡了。遇到问题，每个人都有自己的想法，从自己的利益出发，谁也说服不了谁。现在，情况又不一样了，有'新风堂'呢……"在调研中，有村干部向我们说起这些年乡风的微妙变化。

"'勺子难免碰锅沿。'邻里之间有点小摩擦，在所难免。怎么化解这些矛盾？这些年，村里设了'新风堂'。谁心里有疙瘩，就到'新风堂'里念叨念叨。村干部或村里的长辈，掏心掏肺帮着调解、化解，力争'心里不存病，矛盾不出村'。"蒋福金向我们介绍道，同时，拉着我们一起到村里的"新风堂"看看。

这是一栋青瓦白墙被茶田拥裹的二层建筑。二楼是个亮堂堂的大开间，干净整洁，一两百人都坐得下。四围的玻璃窗把满坡的茶田妥妥地"装"了进来，一坐下来，顿觉安适宁静。

"'新风堂'，不光是解疙瘩化矛盾的地方，村民们婚丧嫁娶也都在这里办。有村民编了顺口溜：'新风堂里树新风，邻里矛盾无影踪；婚丧嫁娶攀比少，老少爷们兴冲冲。'"蒋福金说。

涵养"味道"，下吴村多管齐下。

在下吴村，做好事有奖励呢。

在村里的"生态美超市",我们看到,货架上摆满了日常用品。墙两边都写满了字——

一边写着"回收物兑换标准":50个一次性塑料袋1分、5节废电池1分、1斤废地膜1分……

另一边写着"商品价目表":食用盐2分、百洁布4分、洗衣粉7分、香皂8分……

工作人员胡新建翻开记录本,上面密密麻麻记录的都是村民做好事兑换商品的情况。胡新建一项一项向我们介绍:"捡垃圾、讲信用、孝亲睦邻、支持'两委'工作,都会被量化计分。兑换的东西,都是些日常用品,不算贵重,却是对大家热心公益事业的肯定。潜移默化中,美好乡风就这样渐渐形成了。"

郎溪县委书记嵇文向我们介绍:"如今,在郎溪县,立足各村人口规模、地理位置等实际情况,已建成'生态美超市'87个,实现行政村全覆盖。借助'生态美超市'积分兑换,形成了让乡村绿起来、净起来、美起来,人人参与、共建共享的浓厚氛围。"

培育优良乡风,山那边的洑家村也不示弱。

洑家村涵育乡风的地方,叫"百姓议事堂"。

"邻里纠纷、发展事项、宅基地有偿退出这样的事,都在这里商议。我们是'五大员':村民纠纷的'调解员'、方针政策法规的'宣传员'、'两委'与村民之间的'协调员'、参与重大决策事项审议的'监督员'、富民强村的'引导员'……"

说这话的老者，叫许建平。老许，穿着整齐，头发一丝不乱，一看就是一个有涵养的文化人。他是一位乡村退休教师，现在的身份是洑家村"百姓议事堂"成员。

"大家对我们都很信任，遇到大事小情，总是先和我们打招呼。我会找村民小组长、村里的老党员，与当事方坐在一起商量解决。有商有量，心情舒畅。"老许给我们讲了一个刚调解的案例，"两位村民之间有笔借款，因为是隔代债务，在款项认定时发生了纠纷。我们用'有一说一'机制，确认了债款金额；接着召开'有事好商量'专题会，说服债主宽限几个月；宽限期结束后，如果事情还没有解决，就得上'板凳法庭'了……"

老许说："从多年的经验看，只要调解员持论公允、有理有据，绝大多数村民都会遵守决议，'板凳法庭'根本用不着。有时候，邻里间闹点小别扭，不一定要在议事堂里说，大树下面聊一聊，也就化解了！乡里乡亲的，谁会厚着脸皮硬拗？"

"'百姓议事堂'2014年首创于溧阳，广受社会各界赞誉。近年来，有些地方在老党员、老教师、老乡贤的基础上，将'百姓议事堂'的理事进一步'扩编'，把驻村民警、法官、司法所工作人员、网格员、法律顾问等也吸纳进来。如今，溧阳市已建成市、镇、村三级'百姓议事堂'200多家，遴选'百姓议事堂'理事超过 3500 名。表面看，'百姓议事堂'是议事的地方，实际上是密切党群干群关系的'连心桥'、反映社情民意的'晴雨表'、基层民主法治的'阳光房'。通过这个平台，我们一方面传达了党的政策，另一方面广泛听取了民意，由此，净化了社会风气，凝聚了人心。"这是溧阳市委书记叶明华对"百姓议事堂"的理解。

除了"百姓议事堂"，洑家村还制定了村规民约，对婚丧嫁娶、邻里相处都作了详细规定。这些规定，是广泛听取村民意见形成的，因为是大伙意见的集中体现，所以很有权威性。

"就拿村里最常见的红白喜事来说吧。过去，婚丧嫁娶请客之风不绝，碰上'好'日子，有的家庭几口人得分赴几家赶场子，贺礼的价码也噌噌往上涨。这些现象，现在都不见了。""百姓议事堂"的一位工作人员告诉我们。

第七章

两家成了一家人

　　下吴村所在的郎溪和洑家村所在的溧阳，在产业合作、文旅融合、教育共建、医疗共享、设施互联、服务共通等方面，心连心、手挽手。为了互相帮扶，江苏省的"最美公路"，伸入安徽境内拐了个弯，从下吴村穿村而过。为了提升天目湖的水质，下吴村毅然将虾塘全部改种了生态水稻！山这边，山那边，本属一座山；下吴的水，洑家的水，同是一溪水。

山里人好客。调研期间，无论是下吴人还是洑家人，都会热情地向我们打招呼，两村村民的话如出一辙："倷好哇！欢迎来到'山两边'！"

远亲不如近邻。经历了摽着劲、携着手的洑家村、下吴村，如今，合作的劲头比以前更足了。"用时下的话说，叫'苏皖合作'。'山两边'真的成了一家人！"山两边的乡亲们都这样说。

手挽得更紧

早在 2003 年 3 月，时任浙江省委书记的习近平与上海、江苏的党政领导座谈交流，签署经济合作协议，共同推进长三角区域合作、联动发展。习近平首次倡议建立三省市党政主要领导层的定期会晤机制。

2008 年，安徽受邀参加长三角地区主要领导座谈会，长三角的基本框架就此稳定下来。

2016 年 6 月 3 日，《长江三角洲城市群发展规划》发布，安徽省的合肥、芜湖、马鞍山、铜陵、安庆、滁州、池州、宣城 8 个城市被正式纳入长江三角洲城市群。

2018 年 11 月 5 日，国家主席习近平在首届中国国际进口博览会上宣布，支持长江三角洲区域一体化发展并上升为国家战略，同"一带一路"建设、京津冀协同发展、长江经济带发展、粤港澳大湾区建设相互配合，完善中国改革开放空间布局。

2019 年 5 月，中共中央政治局会议审议了《长江三角洲区域一体化发展规划纲要》，提出长三角一体化发展要紧扣"一体化"和"高质量"两个关键，带动整个长江经济带和华东地区发展，形成高质量发展的区域集群。同年 12 月，《长江三角洲区域一体化发展规划纲要》正式发布，规划范围包括上海市、江苏省、浙江省、安徽省全域，总面积达到 35.8 万平方公里。

2020 年 8 月，习近平总书记在安徽合肥主持召开扎实推进长三角一体化发展座谈会并发表重要讲话，首次就这一重大战略专门召开座谈会进行重要部署。

从历史上看，江苏与安徽同属江淮流域，地缘相接、文化相近、百姓相通，有很多地方像下吴村、洑家村一样，"沾亲带故"。

在长三角框架下的苏皖合作，为两地都带来了极其难得的机遇。"有了长三角区域一体化发展的助推，苏皖合作，不再是一张缘于血脉相连、情感相依的'亲情牌'，更成为一场理念一致、合作共赢的'双向奔赴'！"在宣城市委书记李中看来，宣城是长三角的地理中心，区位优势显著，"宣城与南京、杭州、合肥这三座省会城市的交通距离都在 210 公里左右，可以为长三角区域集聚、传递各种要素资源提供快捷的交通服务，是长三角土地、矿产和绿色能源的'储备库'，也是长三角最大的生态资源'宝库'"。李中特别强调，借助在长三角区域突出的区位和资源优势，宣城一下子成了安徽省承接沪苏浙产业转移的前沿要地。宣城与江浙两省毗邻城市的"同域化"，正是宣城深化长三角一体化的最有力支点，"而相比长三角经济发达地区，宣城的生态、环境空间，无比巨大"。

对于抢抓长三角一体化机遇，江苏常州市也制订了雄心勃勃的计划。"有了长三角一体化发展，我们希望把常州建设成'国际化智造名城''长三角中轴枢纽'。常州特别是溧阳要主动担当，和安徽郎溪、广德携手，完善多元化生态补偿机制，实现跨区域合作项目的成本共担、利益共享，营造公平开放的市场环境，通过创新机制、共建生态、共享民生，扎扎实实推进苏皖合作。"常州市委书记陈金虎说。

事实上，在国家层面推出《长江三角洲区域一体化发展规划纲要》之前，"苏皖合作示范区"就已经悄然落地，而落脚点，正是山两边——洑家村所在的江苏溧阳市、下吴村所在的安徽郎溪县及其毗邻的广德市。

争做合作模范

2015 年，也就是《长江三角洲城市群发展规划》将包括宣城在内的安徽 8 个城市正式纳入长三角城市群的前一年，江苏常州市下属的溧阳市，就向安徽宣城下属的郎溪县、广德市发出了区域合作的邀请。

溧阳提出创立"苏皖合作示范区"的想法，立刻得到了郎溪、广德的响应，此后的推进工作，可以用"雷厉风行"来形容——

2016 年 9 月，三地签署了关于共建"苏皖合作示范区"框架协议并且着手编制示范区发展规划。

2018 年 2 月，苏皖两省分别将合作示范区方案上报国家发展和改革委员会。1 个月后，在全国两会上，两省多位全国人大代表共同提议，恳请将《苏皖合作示范区发展规划》上升为国家级规划。

2018 年 11 月，国家发展改革委函复苏皖两省，建立"苏皖合作示范区"得到批准……

这个合作示范区可不简单，它开启了全国首个以县为单位、以生态为底色打造省际边界地区一体化发展的新探索。

联动式发展，很快在三地见了成效。

在合作示范区建立当年，有了溧阳社渚镇"中国青虾第一镇"品牌的加持，郎溪、广德在社渚镇青虾交易中心的交易量一举突破 50 万斤。苏皖两地的商户、特色农产品开始大规模入驻对方的农贸市场。如今，仅在社渚镇农贸市场，来自安徽的农产品每年销售额就超过 500 万元……

三地在文旅融合方面也全面开花。随着宁宣杭高速公路江苏段（高淳—宣城）全线贯通，溧宁高速江苏段（溧阳—宣城）建成通车，溧阳、郎溪、广德三地主城区迈入"1 小时通勤圈"。黄梅戏、社渚烟花、傩文化等元素被整合在一起，纳入三地特色旅游资源链；苏皖合作示范区精品旅游线路，不仅将三地的伍员山、太极洞、天目湖串联在一起，还通过合作示范区融入环太湖生态文化旅游圈……

此外，三地还在教育共建、医疗共享、产业合作、设施互联、服务共通等方面建立了常态化沟通交流机制和工作协调机制，力图让三地实现无缝对接。

所有这一切并非纸上谈兵，每一项都在上级的督导下，有切实可行的时间表和路线图。

我们看到一份宣城市人民政府下发给郎溪县、广德市人民政府和市政府各部门、各直属机构的《高质量推进苏皖合作示范区建设三年行动计划（2021—2023 年）》。

在这份计划中，从郎溪、广德的经济发展目标的设定，到建立三地九项具体对接沟通机制；从共建交通、物流、水库、通信等基础设施体系，到共育绿色经济产业、共促文旅融合发展、共保区域生态环境、共享公共服务资源，都作了详细规划。连加快公园等公共设施面向三地居民免费开放，在火车站、长途汽车站互设回程出租车载客点这样的民生细节，也都被纳入其中。细数一下，实施项目整整有 75 项之多，而且项项都指定了具体的落实部门。

当这一条条看似枯燥的条文被化作一项项实实在在的行动，一件件山两边百姓亲历的故事，也就此铺展开来……

"最美公路"

阳光洒落在湖面上，清风将粼粼波光化作精灵，在水面肆意起舞。岸线蜿蜒，犹如一条巨龙在群山间穿梭，没入无尽的远方。极目远眺，水天一色，让人心旷神怡，与世隔绝的感觉油然而生。在这里，时间放慢了脚步，让人们有机会静下心来，聆听内心的声音，感受生活的美好。

这便是天目湖：风和日丽时，一派秀美婉约；风起云涌时，豪放中透着野趣。一个让人流连忘返的地方，一个让人心灵得到净化的世外桃源。

洑家村所属江苏省溧阳市，坐拥天目湖，"三山一水六分田"，拥有极为优越的山水资源；同样，下吴村所属的安徽省郎溪县，背靠伍员山，伍子胥文化、茶文化、竹编文化源远流长。只可惜，交通不便，大大限制了游客的数量，两地的旅游资源迟迟得不到充分开发。

为了摆脱交通之困，经济实力更加雄厚的溧阳市率先采取行动，2017 年，开始兴建溧阳"1 号公路"。

为何叫"1 号公路"？

这个名头，大有讲究。

"这个'1 号'，是'旅游 1 号'，用这条路放大溧阳国家级旅游度假区的品牌优势，培育新兴旅游业态，实现溧阳全域旅游开发；这个'1 号'，还是'生态 1 号'，通过这条路，涵养溧阳的绿水青山，提升生态品质，展现人与自然的和谐共生之美；这个'1 号'，也是'富民 1 号'，让它带动起特色田园乡村、特色农业建设发展，让老百姓得实惠！"溧阳市委宣传部部长曹俊解释道。

正因为如此，这条被寄予厚望的公路，从一开始设计思路便与众不同。

　　"走在'1号公路'上，不用交警提醒，你不由自主就会开得慢些，慢些，再慢些，周围那么多美景，得慢慢欣赏、细细品味！"驾车走过这条公路的游客，都会发出这样的感慨。

　　游客"舍不得开快"，是因为全长365公里的溧阳"1号公路"，以路引景，以景串线，将溧阳300多个自然村、220多个旅游景点全部串联起来，要的就是"显山露水、自然通透、乡村野趣"。那些原本分散在各处的自然资源、乡村景点被打包在一起，游客悠然融入当地百姓实实在在的乡村生活，"人在景中走，如在画中游"，许多以往少为人知的溧阳自然人文风景，一下子跃入了人们的视野："哟，原来溧阳还有这么好的地方！"

　　不仅如此，这条道路的建设者，还在沿线设置的驿站、观景台、休憩点集成了互联网和大数据应用。游客只要打开手机，就可以随时了解沿线的景点看点、特色产业、历史文化信息等。

　　如此一来，"1号公路"想不"红"都难！由于这条道路中央的分道线被统一设置成了别具一格的红、黄、蓝三色，游客们亲切地称它为"彩虹大道"。

　　"彩虹大道"修到了家门口，洑家人喜上眉梢：如今的洑家村，处处是风景。有了路，游客来了就方便了，等着数钞票吧！

　　这迎面而来的幸福"彩虹"，让下吴人有些坐不住了："咱也走进'彩虹'里。"可稍一盘算又有些泄气，等级那么高的公路，

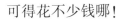

可得花不少钱哪！

眼看着山那边的"彩虹大道"不断延伸、串珠成链，下吴人心有不甘：失去了这道"彩虹"，错过的将是绝佳的发展机会。

犹豫再三，下吴人还是决定向山那边求助。

能有什么样的结果？下吴人心怀忐忑。毕竟，要想将"彩虹"引进下吴村，中间横跨的，是村、是乡，是县、是市，是省！

谁知，山那边很快有了回复："一家人说什么两家话！把路修到下吴村，我们全力支持！"

于是，有了我们今天在地图上看到的情景——这条江苏省"最美公路"，伸入安徽境内拐了个弯，从下吴村穿村而过……对下吴人来说，这就像做梦一样。

而这，还只是圆梦的开始。"1号公路"的如期而至，让下吴村的基础设施大为改观，为下吴人带来了真金白银，也再一次写下了洑家人与下吴人携手共富的佳话——

注定会成为"网红"的"1号公路"，果真不负"1号"之名：据测算，这条幸运"彩虹"全线贯通，为沿线逾10万农民创造了在家门口就业创业的机会，人均增收超过1万元。而这10万受益百姓中，当然也包括下吴村的乡亲们。

"游过了名山大川，住腻了都市高楼，人们会把目光投向广袤的乡村原野。伍员山的'山'、天目湖的'水'，绝配！下吴村是安徽省级森林村庄，发展生态旅游有很大优势，有了'彩虹大道'的加持，下吴村的旅游民宿、农家乐在苏锡常一带已经小有名气，吸引了不少游客来我们这里度假休闲。相信在不久的将来，我们村将变得更加美丽和富裕。"畅想起下吴村的美好未来，蒋福金为山那边"一家人"的鼎力相助，高高跷起了大拇指。

携手护生态

徜徉在洑家村，一汪汪水塘像一块块碧玉，澄澈水面漾着柔波，白头翁、白骨顶、豆雁以及更多叫不出名字的水鸟在芦苇间悠游嬉戏。青翠欲滴的水芹、绿盖如茵的莼菜、叶如刀镰的慈姑、细密笔挺的荸荠苗……摇曳生姿，相映成趣。

"人说'水中八仙'，我们这里种了七种。农业、观光，一举两得。"社渚镇党委书记宋斌向我们介绍。

"听老支书说，村里的青虾都退养了，是怎么回事？"我们提出了心中的疑问。30多年前，洑家村最初起势，靠的就是温泉养虾，而社渚镇能有"中国青虾第一镇"的名号，洑家村立有头功。

"2020年3月，天目湖发生过一次严重的水污染。经过调查，专家发现，洑家村和下吴村在上游养青虾，导致水体含磷，是天目湖水重要的污染源之一。所以，村里实施了退养。"宋斌解释。

"这可是特别赚钱的产业啊。说退养就退养了？恐怕没那么容易吧……"

"仅两个月，就完成了全部退养！"宋斌的回答，多少出乎我们预料，"村民们都很支持！毕竟，这是为了大家好。而且，以前有过切肤之痛！"

宋斌口中的"切肤之痛"，是洑家村周边矿山开采，曾经给当地带来的环境污染。这个事件的教训，至今让洑家村的群众刻骨铭心。

洑家村附近有灰岩矿藏，并据此兴建了水泥厂，曾一度有很多村民都在矿上和水泥厂打工。当时村里流传着：靠着这矿山，洑家人能坐吃100年！

那时候，不少洑家人的生产和生活变得很单一：除了种些水稻自己吃，其余时间都在水泥厂和石头矿上打工。在水泥厂打工，一年至少能挣三四万元；在石头矿打工更辛苦些，多的能挣到五六万元。

"虽然村民腰包鼓了，可矿山开采带来的环境污染有目共睹。不少游客吐槽：以前爬上伍员山，最吸引眼球的，是翡翠一般的天目湖。现在可好，最抢镜头的，是水泥厂那几座'直刺云霄'的大烟囱！"宋斌说，因为污染严重，常来买茶的老主顾都打起了退堂鼓。而查出肺病、胆结石的村民也越来越多……

痛定思痛，溧阳先后关停了 190 多个采石矿、砖瓦窑、石灰窑，洑家村也在整改范围内。同时，溧阳投入 10 亿元，开展"美丽田园"建设。

"山下灰色金矿，山上绿色银行"，曾是洑家村引以为豪的资源禀赋。如今"灰色金矿"停了，村民们能不心疼？

"洑家人会算账！"宋斌说，"'金矿'终究有挖完的时候，环境破坏了就再难恢复。只有在'银行'里多存钱，才能让子子孙孙都享用上……"

有了矿山开发的教训，当听说青虾养殖会对天目湖的水质造成影响时，洑家村的干部和群众都揪起了心，锁紧了眉。不用上面动员，大家做出了一个共同决定：退养青虾！

一起算这笔大账的，还有山对面的下吴村。

下吴村的青虾养殖技术是从洑家村学来的。短短几年间，青虾养殖规模扩大到近 3000 亩。洑家村举办青虾养殖培训班，也会通知下吴村的养殖大户。下吴人养殖青虾过程中遇到技术上的困难，到洑家村一请教，问题总会迎刃而解。青虾每年能卖春、秋两季，养殖得好，每亩收益在 4000 元以上。

2020 年 6 月，天目湖镇主动找到下吴村，商讨以生态补偿的方式，请下吴村也退养青虾。

"人家问清情况后，二话没说，不到一个月，102 户、2880 亩虾塘全部改种了生态水稻！"宋斌说。

"那时，我养了 70 多亩青虾，说实话，正是见效的时候。那活蹦乱跳的虾子，捞上来都是钱啊。说不心疼，那是假的！"下吴村村民赵明发说，"可是，这山这水，是大家共同的家园。把洑家村那边污染了，下吴村又能好到哪儿去？这笔账，可不能糊涂！"他不仅带头签订协议，还主动做起其他村民虾塘流转的工作。

不仅如此，下吴村还定下一条铁律：绝不招污染环境的投资商，绝不上马有违生态保护的项目！

山这边，山那边，本属一座山；下吴的水，洑家的水，同是一溪水。家乡的山水，家乡的桑麻，怎能不让家乡儿女牵挂？

通过天目湖水质保护，山两边还联合周边地区，进一步建立生态环境联防联控机制，共同启动区域生态环境协同治理。根据协议，安徽省郎溪县、广德市，江苏省溧阳市、宜兴市，浙江省长兴县、安吉县等联手，开展环保执法协作，在队伍管理、信息通报、定期会商等多个方面同向发力，共同开展跨区域水质检测、跨界河湖巡查、跨流域执法。

山两边村容村貌变化的背后，是村民生态观念的变化。而这样的变化，也为他们带来了拓展新产业的机会。

"这些年，围绕资源禀赋，无论是下吴村还是洑家村，都在产业发展上做了不少文章。但兜兜转转下来，大家意识到，'山两边'最大的资源，还是绿水青山！要在生态农业和山水旅游上做文章！"郎溪县委书记嵇文深有感触地说。

清晨的村庄恬静安适，空气清新怡人，草叶上挂着晶莹的露珠，山峦、茶园、屋舍被朝霞涂上一层淡淡的胭脂。

"下吴村和洑家村，阡陌互通，山水相依，山水旅游有很强的互补性！瞧，那是正在建设的'山两边'旅游环线。这条5公里长的道路，把两村的文化旅游资源串联起来，大大拓展了彼此的旅游空间。"在洑家村的原野上，宋斌与我们踏着露珠边走边聊。

眼前出现了一片水杉林。可能是人走近的缘故吧，霎时间，栖息在树上的一群群白鹭鸣叫着朝天宇飞去，宁静的原野一下子被唤醒了，碧空里留下了一个个曼妙的姿影。

"这是山两边共同呵护的一片湿地。涉及洑家村所在的社渚镇800亩土地、下吴村3000多亩土地。在这片湿地上，我们营造起了'苏皖共建林'，约定每年的植树节，都要植下一片绿色山林，种下幸福树，同享甜蜜果。"

前行不远，宋斌停下脚步，指着路旁一座简易路碑说："碑的一边是洑家村，另一边就是下吴村，可不就是炊烟相望、鸡犬相闻吗？"

宋斌继续娓娓道来：除了两地共建湿地这方生态屏障，山两边每年在春节和重阳节还要一起组织活动，走访老年人和留守孩童，为他们送去关爱。"每年我们的节日都有一个新的主题，而且签订结对共建协议，督促双方必须落到实处。山两边从思想交流、工作沟通、资源共享、生态共治等各方面，相互融入、融合、融洽，共同发展。"

2023 年春节前，两地在洑家村联合开展送春联活动时，下吴村第一书记、驻村工作队队长陈福元现场即兴作了两副对联——"携手共富山两边，苏皖同庆贺新年"和"苏皖合力同铸祖国强，两边同心共建乡村富"。至今，对联还贴在洑家村的村委会和党群驿站门上。

"'山两边'的合作，前景无限。溧阳市场发达、资金充裕，需要开拓投资渠道；郎溪资源丰富、优惠政策多，产业发展空间大。双方携手，可谓相得益彰。"宋斌指着晨曦中生机勃勃的原野，憧憬着"山两边"无限美好的未来。

无缝对接

清晨七点半，王科的女儿王星雨就带着弟弟准时在下吴村村口等校车，他们的目的地是溧阳市社渚小学。"去社渚上学，比我们去郎溪县城近一半的路。"姐弟俩告诉我们，每天早上，来自社渚的校车都会准时停在下吴村村口，下吴村的适龄孩子坐上校车，只要七八分钟就能到社渚小学。

姐弟俩一早在村口坐校车上学，中午在学校食堂吃饭，傍晚放学再坐校车回来，看上去是件小事，却帮了王科大忙："到了采茶季，我们两口子抢时间制茶，得忙活到凌晨两三点，五点多就又得赶到山上带着采茶工人采茶。幸亏有了这校车，要不然孩子怎么照顾得上？"

像王科这样，家在下吴村，就近将孩子送到江苏上学的村民还有不少。

早在2017年，溧阳市社渚镇所属7所中小学与郎溪县4所中小学就组建了苏皖"胥河情"教育联盟，"山两边"相继出台了教育资源共建共享实施办法。目前，在社渚镇就读的安徽籍中小学生就有400多人。

"这位同学，你来回答一下，什么是小数？"

"小数是一种实数表示形式，由整数部分、小数点和小数部分组成……"一个穿着花格子上衣的小姑娘朗声回答。

"什么是分数？"老师把手指向另外一位男同学。

"分数就是把一个整体平均分成若干份。"小男孩的回答干净利落。

在安徽郎溪梅渚中心小学三年级（1）班课堂里，一堂看似普通的数学课正在进行。然而，这堂课其实并不普通——站在讲台上的教师王婷来自山那边的溧阳社渚中心小学。

原来，通过"胥河情"教育联盟，不仅孩子们免受了上下学奔波之苦，两地教师也结成对子，从学校管理、特色建设、师资培养、学生成长等各个方面开展教学交流，跟岗学习、相互授课、挂职培训、共同教研……"伴随山两边合作不断加深，江苏的优质教育资源也惠及了我们郎溪。这下，山两边教育质量的差距被大大缩小，老师、孩子都受益！"梅渚中心小学校长张远冰感慨道。

课后，王婷来到梅渚客运中心，搭上"梅渚—社渚"公交专线，不一会儿就"跨了个省"。"什么是一体化？就是这样——跨界无感，获得有感！"王婷笑着说。

在两村穿梭采访，我们不时能看到写有"苏皖合作"字样的垃圾清运车。这天一早，一辆垃圾清运车停在下吴村村部，正将一桶桶垃圾装到车上。

垃圾处理，也要两省合作？我们不免好奇，便上前打听。

"我们是从江苏那边过来的。这些垃圾会运到天目湖镇垃圾处理和循环利用中心。这个活儿，我们已经干了好几年了！"清运工人摘下手套，擦擦脸上的汗水对我们说。

"以前村里的垃圾清理，都是发包给第三方托运公司，成本很高。下吴村到天目湖镇车程不到半个小时，从 2021 年 6 月开始，下吴村洙漕河流域 15 个自然村的 800 余户居民的生活垃圾，全部由天目湖镇收运处理，日产日清。两地垃圾统一处理，成本下来了，效率上去了！就这一项，每年为我们村集体节省 20 万元，还为村民提供了 50 多个临时就业岗位。这是苏皖两省边界地区首次联手加强生活垃圾处置，是两省共治共建生态环境的创新之举。"下吴村第一书记陈福元说。

苏皖合作给百姓生活带来的变化，远不止这些。

这些年，苏皖合作，促使医疗互通全速推进。郎溪县中医院与南京市第一医院建立紧密型医联体，郎溪县与东南大学附属中大医院开展了多种形式的合作。长三角跨省基本医疗保险关系转移接续"一网通办"省级试点，实现了在长三角地区主要医疗机构异地就医住院直接结算、普通门诊就诊费即时结算。2023 年，宣城市仅在南京住院直接结算就达 5178 人次，占全市跨省异地就医住院结算人次的 21.24%……

这些年，苏皖合作，力推政务服务跨省通办。如今，在安徽宣城，已经实现了 132 项高频政务服务事项"跨省通办"、126 项场景应用长三角地区"一网通办"。苏皖交通一卡通、医疗一卡通、文旅一卡通，正逐步成为现实。

这些年，苏皖合作，打造人才市场一体化。江苏溧阳与安徽

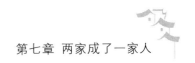

郎溪、广德，三地联手建设苏皖人力资源产业园，建起网上人才市场，为"山两边"的务工人员提供更大就业平台、更多就业机会。如今，郎溪、广德两地在溧阳就业人数已超过6000人。

第八章

为未来把脉问诊

在农村，好的村干部是农民的主心骨，强的"新农人"是农村的领头雁。适度的规模经营，让产业吸引人、生活满足人、环境留住人，让村子环境优美、舒适宜居，让村民生活富足、和谐融洽。总结下吴村和洑家村多年的发展，体会村民的苦乐忧盼，可以触摸中国农村改革的脉搏律动。

2023 年的这次深度调研，我们分享了"山两边"村民致富路上取得的巨大成功，聆听了他们对富足生活的由衷赞叹和对美好前景的热切期盼，也体悟到了他们在求索路上的一道道坎坷、一场场艰辛、一次次阵痛……

由他们的苦、他们的乐、他们的忧、他们的盼，我们触摸到了中国农村改革几十年来的脉搏律动！

调研期间，我们走访了 200 多位村民，召开了 8 场座谈会，邀请当地基层干部及农口专家就调研中遇到的问题展开探讨。大家各抒己见，或颔首相和，或相互印证，但在有些问题上也有争论，甚至意见相左。归纳下来，大致集中在以下几个方面。

党建须臾不能放松

在洑家村调研时，正逢新一届党支部成立。几位支委，既有海外留学归来的高才生，也有返乡创业的退伍军人，还有在企业打拼多年的管理能手……

对于这次成立的新班子，村民们充满了期待。

社渚镇党委书记宋斌说："乡村发展，基层党组织的建设非常重要。它决定着乡村的命运走向。基层组织战斗堡垒作用发挥得好，村子就能大发展；基层组织软弱涣散，发展就会受影响。"

他的这番感悟，是从洑家村这些年的经验教训中得来的。1995 年前后，洑家村能走在前面，与当时有一个一心为民的强有力的党支部很有关系。后来，洑家村一度发展受困，也因党支部涣散而起……

近 20 年，洑家村换了 10 任党支部书记。有的板凳还没坐热，群众看不下去了，只好"下野"；有的干得还不错，可一看外面有更好的机会，拍拍屁股走人了；也有的工作能力倒是有，但是做事总是"出格"，镇上只能派领导下来，当"救火队长"……

翻开村里的文件，20 世纪 90 年代，溧阳就明确规定过：每个村至少培养 2 名年龄在 25 岁左右的村级后备干部。可惜，没有很好地执行下去。

班子频繁更换，村里制定的规划一变再变。变来变去，群众没了耐心，也不相信那一纸纸规划了。在采访时，有群众坦言："东一榔头西一棒槌，改来改去，哪里能搞得好事情嘛！村里开会时，干部台上讲得嗓子冒烟，群众都是这耳朵进，那耳朵出。"

我们同老支书王海清做了一次深谈。

"当年，村民一度对村党支部很有意见，你认为问题到底出在哪里？"我们问。

王海清没有回避："现在想想，不能全怪村民。村干部，'乌纱帽'不大，可他们能力的大小、德行的好坏，影响着村子的发展。拿当年来说，说到底，也还是我自己的能力不够造成的。如果我能力再强一点，看得清发展的大势，也许就不会把摊子搞得那么大，账面上的那些事也就不会出现了……"

村民们从另外一个角度回答了这个问题。

一位年长的村民告诉我们："本意来说，村干部是想为大家干些事，可是心急了点。就说融资吧，村办企业的钱很多都是私人借款，利息很高。'没钱靠借贷，还钱等下届'……"

另一位中年村民说："当村干部，确实不容易。都是碰头打脸的乡亲，哪怕是芝麻粒大的官，谁不想留个好名声？完不成上级的指标，达不到群众的要求，会落埋怨；可干冒了，经营亏了，加重了群众负担，大家又不答应……"

对基层组织的作用，下吴人也有着同样的感受。

"《山这边，山那边……》那篇文章刊出时，我是村支书。看到文章，臊得不行啊！确实，我这个带头人工作没有做好！那时候，学习不够，自己的思想没能跟上形势的发展，总觉得，既然开始搞市场经济了，市场经济嘛，就是各顾各，各自发挥，各显其能，村干部管得多反而碍事，不如往后躲躲吧。看到村子的发展落后于山那边的洑家村，我心里比谁都急，可是，水牛抓跳蚤——有劲使不上。不知道在新形势下怎么去指挥，怎么带领群众去干。"

时任下吴村党支部书记向领兵回忆起往事很是懊恼。

可贵的是，"知耻而后勇"，向领兵很快清醒了过来，带领下吴人奋起直追。他还把这种精神"传帮带"了下来。

20多年来，下吴村经历了向领兵、李德胜、蒋福金三任党支部书记。蒋福金这样评价他的两位前任："这些年村里的工作，两位老书记功不可没！他们把担子交到我手里后，并没有撒手不管。村里修路、改厕、排污……遇到难题，不用我吭声，他们就主动挨家挨户帮着做工作。两位老书记教我们做人做事的道理，给党支部的年轻人树立了榜样。"

和老一代相比，今天的村干部也面临着新的问题。

"能人"曹帮清也曾经做过村委会主任。2002年，尽管村民们多次挽留，他还是辞去了职务，专心做起农业技术员，潜心钻研葡萄、杨梅、桃子和蓝莓的养护。谈到当年辞职的原因，曹帮清情绪有些低沉，本来话就不多的他，几次欲言又止，似乎不愿谈及当年这个决定。沉默了好一阵，曹帮清才开了口，道出他掏心窝子的话："村干部太难当。我当村委会主任的时候，要抓计划生育、收农业税和各种提留，都是得罪人的事。到村民家里去，人家老远看见就把门关起来不让进，或者把门一锁，出门去了，你根本见不到人。这些年好了，现在的村干部不用管这些了，但你看看他们，忙和累，一点也不比过去少，不仅要制定村里规划、争取项目资金，还得做各式各样的统计、填写花样繁多的表格、面对四面八方的考核检查……一天到晚忙得像陀螺一样，过去是见不到乡亲，现在是顾不上家人——每天回到家，孩子都睡了。"

的确，我们也看到过一项对基层干部的调研，"形式主义较多，牵扯基层精力""工作过多过繁，处置有心无力""考核指标束缚，基层疲于应付"是最困扰基层干部的问题。

与辛苦付出相对应的，是不甚匹配的工资。"我那时的工资全部从乡统筹和村提留中来，一年就 3000 块，遇到村里财务紧张，没钱发，就先欠着账，家里过得清汤寡水的。现在肯定不一样了。不过，相比如今村民们的普遍收入，单算经济账，还是……"曹帮清打住了话头。

我们在调研中了解到，就在 2023 年年初，一位工作能力很强、百姓口碑也不错、组织重点培养的年轻人，因为企业开出 30 万元年薪而辞去了村党支部书记的职务。

在广袤农村，村干部是农民的主心骨，也是各种政策落地的最后一环。山两边的历史与现实再一次证明：村干部的观念、意识、作风、能力，直接影响着一个村庄发展的态势。如何为村干部们减轻压力，卸下不必要的负担，保证他们应有的待遇，让他们能心无旁骛地带领农民向前奔，是在乡村振兴中必须解决的一个重大课题。

"空心化"仍待破解

暮色四合，坐在洑家村村头，我们和几位年长的村民聊天。天空，一弯上弦月被点点繁星围绕；不远处的村舍中，灯光透过户户窗棂洒出束束柔波；眼前的池塘里，青蛙高一声低一声唱着小夜曲。

乡村的夜晚，总是那么富有诗意。

"青蛙叫，对你们城里人来说，很惬意吧！我听着，心里空落落的。年轻人都在外面打工，村里就剩下我们这些老年人喽……"一定是猜出了此时我们的心境，一位老者有意无意给我们泼了一瓢凉水。

的确，我们在山两边调研，见到的大多是 50 岁以上的村民，40 多岁的就已经算是"年轻人"了，年龄更小的则寥寥无几。天色稍稍暗一些，村里人家便早早关门闭户，只留下村道旁的路灯寂寞地将山村照得通明。

聊起原因，陪我们来的一位村干部解释："溧阳电梯业发达，前些年，村里那些头脑活络的年轻人四处闯荡装电梯，有的攒够了家底，当上了老板。于是，更多的年轻人前去投奔。这些年，我们也一直想办法吸引他们回来创业，可是收效不大……"

类似的问题，下吴村同样存在。

下吴村一位干部告诉我们，村里半数以上青壮年劳动力都在宣城市区或是苏锡常一带务工。现在集体想做些事情，确实缺人手。

我们在和郎溪、溧阳的农业专家们座谈时，大家表达了同样的担忧：农村"空心化"早已不是个新问题。随着常住人口减少，公共服务萎缩，这种现象还在不断加剧。

2021年公布的第七次全国人口普查结果，用精确的统计数字加深了人们对农村人口不断减少的印象。统计显示，2020年，我国居住在乡村的人口占36.11%，与2010年相比减少了14.21个百分点。同时，流向城镇的流动人口比重仍在提高：2020年流向城镇的流动人口为3.31亿人，比2010年提高了3.85个百分点，其中从乡村流向城镇的人口为2.49亿人，较2010年增加了1.06亿人。

人口向城镇集聚，是大势所趋，并不能将其简单地理解为乡村"空心化"。而真正的乡村"空心化"，更多体现为农村社会结构的失衡。

统计数字显示，目前，15岁至39岁的年轻人中，常住乡村的比例低于30%，而在乡村生活的60岁、65岁及以上老年人的比重分别达到 23.81%、17.72%，比城镇分别高出 7.99、6.61 个百分点。农村的老龄化问题比城镇更为突出。

农村社会结构的失衡，带来的弊端显而易见。

有专家将目前农村的困境总结为"三资外流"和"五人增多"。"三资外流"即资产、资源、资本外流；"五人增多"即老人、小人、穷人、懒人、病人增多。"如果任由乡村资源单向流向城市，农村就会长期处于贫血、失血状态。如果村里只剩下'三八六一九九部队'（农村留守的妇女、儿童、老人），乡村振兴就会打折扣！"

"如何才能让农村尽快摆脱这样的失衡状态？"

座谈中，山两边的青年给出了一个共同的答案："首先得让我们有事做、有钱赚！"

要做到这一点并非易事。溧阳市农业农村局局长孙斌说：这些年，各地都在想方设法搭建平台，"引凤归巢"。但是，总体来看，给年轻人施展才干的天地还是狭窄了一点。如果"还巢"之后无枝可栖，凤凰早晚还得飞走。

"无须讳言，农业，从本质上看，就是弱质产业。在现代化的生产条件下，让众多人口牢牢拴在农业生产上，既不可能，也无必要。但农村发展的广阔天地，并非只有从事农业一条道。事实上，在我国绝大部分农村，农业与工业、服务业的全面融合才刚刚起步，还有很大的成长空间，'前景'与'钱景'都十分光明，足够容纳更多青年人施展才华。为年轻人搭建'引凤归巢'的平台，能不能从产业融合的角度，多提供一些支持？"有专家建议道。

郎溪县农业农村局局长吴晓对这一观点予以补充："引凤归巢"，没有产业不行，但只有产业，恐怕还不够——必须有与产业相适应的现代生活条件。这些年，农村的基础设施有了很大改进，但是，与城里比，公共服务还相差很远。电影院、图书馆、网吧、球场、咖啡馆，是现代城市年轻人的生活"标配"，可大部分乡村还没有。买瓶矿泉水都得走大半天，这哪儿行呢？

"生活条件的改善，肯定是一个必要条件。但今天的年轻人，并不是一味看重生活条件。很多农村出去的年轻人，漂在城市里，有的生活得并不比回村过得更好，但为什么即便这样，他们也不愿回来？有一部分原因，是城市能给予他们持续的新鲜感，有更多接受教育和培训的机会，能够为他们提供更大的成长空间。"郎溪县委常委、宣传部部长杨娟说。

"我觉得，对待这个问题，还是要辩证地看。随着农村的发展进步，在一些经济发达地区，人们对农耕文化有了再认识，对俭朴乡居生活更热爱，对重振农村发展的信心逐步提高，农村吸引力在不断增强。假以时日，人们会把目光重新对准农村。"宣城市委常委、宣传部部长郭金友认为。

那么，眼下该如何解决农村人口流失问题？

郭金友试着开出自己的药方：政府可以先精准建设一批投资额不大的生活设施。譬如，电商提货点、充电桩、小型体育场等，再通过适量补贴的形式引导社会资本承建一些小型工程项目。同时，增加流动电影院、流动图书馆、流动音乐厅、流动医院等各种灵活供给手段。

郭金友的结论是："解决农村'空心化'问题，必须让村里的产业吸引人、生活满足人、环境留住人！而想'留住人'，政府既不能放手不管，也不能大包大揽，只有多管齐下，才能大见成效。"

新农村召唤"新农人"

在调研中，有不少村民问我们："你们走南闯北见多识广，能不能告诉我们种什么最赚钱？"

之所以提出这样的问题，是因为大家都被遭遇的一次又一次"烂市"吓怕了。

洑家村的罗氏沼虾养殖曾是一家独大，但后来，附近许多村子都照着养，市场就那么大，结果可想而知——最惨的年份，活蹦乱跳的鲜虾连三分之一都卖不出去；下吴村一度将本村主业定为"蚕品"，但大家伙儿一哄而上，随着一筐又一筐白花花的蚕茧涌入市场，蚕市愣是像黄瓜棚抽掉了芦秆——眼看着往下塌。

在洑家村一块苗木地里，我们看到，一位村民正对着满园的苗木发愁。他指着一棵碗口粗细的香樟树说：香樟树树形大气、四季常绿，是做行道树、庭荫树、风景林、隔音林带的优良树种，它散发的香气，对净化城市空气作用非常明显，而且好种、好活。前几年，特别受城市街道、小区绿化的青睐，最贵的时候，一棵树能卖到上万块。"见种香樟的都发了财，这不，我自己也种了一园子。哪知道，这些年城里人发现，香樟树的果实成熟后，会噼里啪啦往下掉，黑色的汁液溅到地上、车上、身上很难洗掉，而且还有酸性，对车漆会造成腐蚀……于是，城里绿化纷纷改了树种。如今，这香樟树，跌到几百块都没人要。"

在调研中，我们了解到，为解决农产品"烂市"问题，山两边都使尽了浑身解数，想方设法打通产、供、销各个环节。譬如，引进优质品种，引导种植特色农产品，建立专业合作社，打造供销网络，举办各种展销会……

但就客观效果看，问题并没有从根本上得到解决。一位干部坦言："市场需求，云谲波诡。完全解决'烂市'，难哪！政府既无法在价格上为农民'兜底'，也不能在经营上越俎代庖。农民呢，一直在'贵了，一哄而上种；贱了，一拥而上砍'的怪圈里徘徊……"

"这个顽瘴痼疾难道就没办法解决了吗？"我们替农民着急。

常州市农业农村局局长李昙云说："市易时易，种植亦易。而要'易'，就需要不断更新观念，需要高素质的人。因此，当务之急是要培养更多懂技术、爱农业、会管理的新型职业农民，让农民成为具有专业技能的'绿领'。培养'新农人'迫在眉睫！"

洑家村的吴士明对这个观点跷了大拇指。他清楚地记得，从养蚕、种板栗到养青虾、种茶叶，洑家村每一次"人无我有，人有我转"的跨越，背后都是农业技术员起到了关键作用。

曹帮清言简意赅地谈了他对"新农人"的认识："不是有那么一句谚语吗？'荒地无人耕，耕起有人争。'老百姓最讲实际，苦口婆心地说，手把手地教，未必管用。非得有个'带头人'先拓荒，挣到了真金白银，大家自然踊跃跟着干。"

"村里有个'新农人'，胜过一个活财神。"无论是在洑家村还是在下吴村，不少村民都有这样的认识。而这样的共识，是从他们亲历的一次次成功和失败中总结出来的。

在新时代，大家对"新农人"又有了更高的期待和要求。

下吴村的吴定义讲述了自己对"新农人"的理解：操作新农

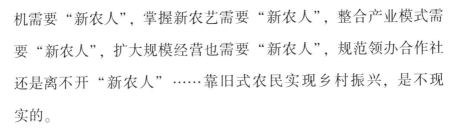

机需要"新农人",掌握新农艺需要"新农人",整合产业模式需要"新农人",扩大规模经营也需要"新农人",规范领办合作社还是离不开"新农人"……靠旧式农民实现乡村振兴，是不现实的。

"的确是这样，但目前，还有不少人对'新农人'的理解比较片面：有的，把'新农人'定位为从城市回乡的有知识、有文化的青年；有的，把'新农人'等同于懂技术的农民；有的认为，会使用现代农业科技装备的，就是'新农人'；有的甚至认为，只要会电商，能把农产品推销出去，就是'新农人'……这些对'新农人'的定义，不能说错，但都不全面。真正的'新农人'，绝不仅仅只会一个'单项'，而是既能'眼观六路，耳听八方'，又得'十八般武艺样样拿得起来'，能够将各方面知识融会贯通起来，会在实践中自如运用……"有专家说。

"'新农人'，不局限在懂农业技术这一个层面上，还应该懂得经营管理——这一点，难度并不比掌握农业技术低。乡村产业要有大发展，这一关，早晚都要过！只有过了这一关，农村的发展才算迈上了新台阶。"郎溪县农技服务中心主任汪浩感慨。

"所以啊，对'新农人'培养，不能仅仅是技能型的，更要注重全面素质的提升。在培训方面，还要更加精细，针对不同的对象，缺什么补什么：有的要过农业基本知识和技能这个关，有的要强化对农业发展规律的认识，有的要补科技素养的课，有的要学会用互联网思维搞经营，有的要学会和人打交道、懂管理……"

"一个好汉三个帮！要让'新农人'涌现，除了培训，在营造创业环境、重点资金扶助、持续信息支持等各个方面，都得做好配套！"

"'新农人'还要真正对土地有感情！我们之前也遇到过这样的例子，有的农民本身素质不错，能力也够强，但是太过急功近利，对土地抱着捞一把就走的心态，竭泽而渔，自己兜是装满了，可留下了个烂摊子……"

规模经营贵在适度

农村改革发展到今天，已迈入了新的阶段。乡村振兴时代，需要怎样的农业组织方式？

调研中，我们了解到：随着农业生产方式的改变，无论洑家村还是下吴村都意识到，过去分散、粗放的经营方式，已难以适应现代农业发展的要求，规模经营势在必行。为此，两村正在加大力度推行土地流转机制，把农田集中起来，实行连片开发。

那么，集中到什么程度为宜？

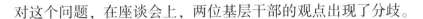

对这个问题，在座谈会上，两位基层干部的观点出现了分歧。

一位年轻的副乡长说："农业，有规模才有效益。规模宜大不宜小。只有尽可能把田集中在种植大户手里，采用先进的机械耕作，效益才能大大提高。"

另一位农业农村局的调研员则表达了担忧："规模也不是越大越好。毕竟，我们的机械化水平还不像发达国家那么高。土地太多，未必'吃'得下。'吃'不下，一旦碰上极端天气，就会出现庄稼来不及收烂在地里这种情况。再说，我们的就业岗位也有限，没了田，那么多农民干什么？"

一位种茶大户也有这种担忧："我自己的茶园，农忙的时候要招几十号人来采茶，村里的劳力不够用，只得从外地招工。但过了采茶季，大家又闲着没事可干。"

还有一位村民私下向我们抱怨："真后悔把土地流转出去，大户们哗哗数钞票，我们只能拿那点可怜的流转费。图什么？"

对此，种植大户也有忧虑：农产品价格上涨的时候，农户觉得吃了亏，要求变更合同，提高土地流转价格；农产品价格下跌，大户希望调低费用时，农户却要求按合同价格执行。

此外，农业基础设施薄弱，也是困扰很多种植大户的问题：农田排水供水设施年久失修，一遇到大涝大旱，造成很大损失；遇上大丰收，缺乏必要的场地，粮食的晾晒和仓储都会遇到困难；

露天停放的大型农机，风吹日晒也容易损坏。

一位不愿意透露姓名的县干部想得更深远：这些年，国内外经济发展不稳定因素增多。一旦碰到像 2008 年那样的全球性金融危机，或是前几年那样的新冠疫情，企业经营遇到困难不得不减人，农民在外无工可打，回来又无地可种，就会对社会稳定造成影响。

溧阳市农业农村局局长孙斌认为："土地流转，贵在'适度'。流转规模要与农村劳动力转移情况、技术能力和社会化服务水平相适应，不追求一个模式、一个标准。应依据不同的农业资源禀赋，采取不同的措施。譬如，引导发展土地入股、土地托管、统一服务等多种形式，提高集约化水平。同时还要处理好大户与村民之间的利益分配问题，绝不能'富了老板、丢了老乡'。"

据悉，2027 年年底，是国内大部分地区第二轮土地承包到期的时间。解决土地流转中存在的问题，关乎农村未来的发展和社会的稳定，早解决早主动。我们的相关涉农部门，恐怕得有紧迫感了。

多维度衡量幸福感

调研中，"山两边"不论干部还是村民，都有一个共识：日子过得好不好，不能光看赚了多少钞票，还要看居住环境美不美、社会秩序是否井然、乡风民俗是否淳朴、干部作风是否清正、邻里关系是否和谐、精神生活是否富有……

其实，两地都吃过一味追求 GDP 的亏。当年，开矿山、养青虾，曾让青山遍布"癞痢"、溪水污浊不堪。因为污染，影响了群众的健康和经济的发展。有一位经常搞农产品展览的客商谈了他自己的经历：多年前，到伍员山区踩点，原本是准备订购大宗的茶叶，结果从车上下来，一看漫天粉尘飘扬，他二话没说，让司机掉转车头打道回府。

痛定思痛，洑家村下定决心改造人居环境，转型山水旅游。下吴村也定下一条铁律：不管企业多么赚钱，只要与"污染"有染，绝不引进！

我们做了一个田野调查："你认为好日子是什么样的？""山两边"村民的答案中，排在前五位的高频词是：生活富足、环境优美、舒适宜居、和谐融洽、精神愉快。

　　郎溪县委书记嵇文认为："必须走出经济数据决定一切的误区。乡村振兴的落脚点是什么？由里往外美，让老百姓有实实在在的幸福感！富口袋，还要富环境、富乡风、富精神、富心灵……'暧暧远人村，依依墟里烟。狗吠深巷中，鸡鸣桑树颠'，这种黄发垂髫怡然乐、宁静和谐乡味浓的诗意图景，又何尝不是我们农村工作的追求？"

　　涵育乡风，打造精神家园，"山两边"均做了很多工作，但他们认为，还有更多的工作等着他们。

　　溧阳市文明办主任陈家敬总结了目前乡风文明建设的几个瓶颈：活动"有"而不"活"，基层"进"而不"深"，服务"送"而不"需"……

　　"乡村振兴，既要塑形，也要铸魂。文化氛围的形成、个体素养的提升，是个长期的、系统的'浸润'过程。要做好这个系统工程，不仅要以政府为主导，还要运用各种辅助方式，譬如吸纳社会资金向农村文化产业投资、建立城市对农村的文化援助机制、鼓励农民自建文化设施等。农村文化建设，是一种基于对农村和农民的理解、尊重之上的引领，既要'送文化'也要'种文化'。只有在潜移默化的熏陶中，农民的思想境界才能一步步高尚起来。"常州市委常委、宣传部部长陈志良这样认为。

　　郎溪县委常委、宣传部部长杨娟也有着自己的理解："文化是

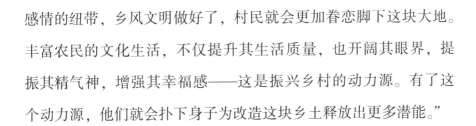

感情的纽带，乡风文明做好了，村民就会更加眷恋脚下这块大地。丰富农民的文化生活，不仅提升其生活质量，也开阔其眼界，提振其精气神，增强其幸福感——这是振兴乡村的动力源。有了这个动力源，他们就会扑下身子为改造这块乡土释放出更多潜能。"

最怕"一刀切"

"想的是提高收入，怕的是摊派任务，盼的是自己做主，要的是精准服务！"在和村民座谈中，有人对乡村治理提出了这样的期盼。

在座谈中，村民普遍反映，当前，国家的宏观政策和指导方向很得民心，大家都很赞成。但对某些政策"落地"的精准度仍心里没底，特别是对有些地方在基层治理过程中存在的"一刀切"现象尤为反感。

一位在上海闯荡多年、刚刚回乡创业的农民说："确保18亿亩耕地的重要性，谁都明白！但是各地的情况不一样，绝对不能一刀切！听说，有些地方强令农户把种茶的坡地改种粮食。更有过分的，在绿化带里种庄稼……这种事，国家得管一管呀！"

"最怕基层干部瞎折腾。"一位上了岁数的农民给我们讲了这么一件事：老杨当支书的时候，要求搞多种经营，村里的耕地都种上了水蜜桃。水蜜桃还没进入盛果期，小牛接了支书，强调特种养殖来钱才快，要求砍了水蜜桃，家家户户挖鱼塘。再后来，新上任的王支书又说无工不富，要求家家户户生产汽车配件……"'一个和尚一个磬，一个将军一道令。'这些村支书不知想过没有，重打锣鼓，折腾来折腾去，自己捞了政绩，可农民要付出多少代价？"这位老汉无奈地感慨。

对农村基层管理，哪些该管哪些不该管，不少村民也提出了自己的看法：

"听说，有些地方连怎样种庄稼、怎样收割都要管。有的地方还规定，犁田要经村里批准，说是犁铧扬起的尘土会影响环境，逮住了要罚款。甚至农民自家杀头猪，也要一级一级'跑证明'，这样弄下去，农民哪还有经营自主权？"

有的农民对禁烧秸秆表示不解："烧秸秆，真会污染环境吗？祖祖辈辈挖土刨梢，只知道烧秸秆可以肥田、可以杀虫害。不让焚烧，不是加重了病虫害吗？"

也有农民支持禁烧："烧秸秆，对环境的污染可不敢小看。听说连农业很发达的国家都不提倡烧呢。人家鼓励农民通过秸秆堆肥还田开展资源循环利用。"

还有农民取了一个中间态度："秸秆焚烧既不能'一禁了之'，

也不能'一放了之'，应该'禁疏结合'。'深处种菱浅种稻，不深不浅种荷花'，凡事都应该因地制宜嘛。"

走进群众中，这些意见令我们深思……

第九章

齐心协力补短板

2023 年，安徽、江苏两省省委书记分别作出批示，要求加快建设"彰显徽风皖韵的宜居宜业和美乡村"和"农业强、农村美、农民富的新时代鱼米之乡"。作为"火车头"，下吴村和洑家村党支部的组织建设越来越强，治理能力稳步提高，培育"新农人"、完善土地制度、盘活乡村资源，提升村民幸福感，带动农村换新貌。

2023 年春天这一次"山两边"调研，我们切实按照中央的要求，坚持问题导向，以解决问题为根本目的，通过一个多星期的调研，确实有了很多收获。我们将调研中干部群众反映的情况反馈给江苏、安徽有关方面。

回京后，我们又花了近 3 个月时间，撰写了一篇近 2 万字的深度调研报告《苏皖两个相邻山村的岁月嬗变——关于乡村振兴的调研》，用两个整版的篇幅刊发在 2023 年 7 月 24 日的《光明日报》上。

文章刊发时，正值中央全面深化改革委员会第二次会议通过《深化农村改革实施方案》后不久。这次会议特别强调：要锚定实现农业农村现代化、建设农业强国的战略目标，以处理好农民和土地关系为主线，加快补齐农业农村发展短板。同时提出，"允许和鼓励不同地区因地制宜探索，善于发现和总结基层的实践创造，对探索创新中遇到困难的要及时给予支持"。

因为文章反映了当下农村深层次的问题，符合客观实际，又契合中央精神，所以一刊出便"一石激起千层浪"，当天网上阅读量就超过了 2000 万次。

《新华日报》《安徽日报》均在第一时间在显著版面对这篇文章进行了全文转载，江苏卫视、安徽卫视在全省新闻联播中重点进行了播报。当地媒体辟出多个版面，连续多日邀请各界人士畅谈感受，根据各自的亲历，总结山两边这些年发展的经验与教训，积极为山两边的未来出谋划策……

有不少读者投书报社，畅谈感想。他们表示，虽然文章写的是山两边，但反映的是广袤山乡的共性问题。一位学者提出了这样的观点：任何发展阶段都有自己的"痛点"，全面小康迈向乡村振兴的新征程也不例外。毫无疑问，调查者找到了能契合党的中心工作、能影响乡村全面振兴、群众关心的现实问题。但找到问题只是第一步。中央提出"允许和鼓励不同地区因地制宜探索"，这是一次重要契机，希望能在两个村庄进与退、得与失、兴与衰的探索中，找到更多与时俱进、解放思想、攻坚克难的"妙方"。

这位学者的建议同我们调研报告结尾处的那段话不谋而合："故事还在继续。章节该如何丰富？史册又该怎样续写？你我都在期待着……"

此后的日子，我们无时无刻不在期待着山两边发生的新故事。

苏皖纷纷亮出实招

调研报告刊出当天，我们便收到了江苏省委书记信长星的一段长长的批示。批示指出，这篇文章以扎实深入的调研，全方位而又独具时空纵深感的视角述说山这边与山那边的变迁，同时又本着问题导向以田野调查的方式述说问题，启发思路，给人以许多启发与思考。贯彻落实习近平总书记关于江苏要在推进农业现代化上走在前的重要指示，江苏还有大量的工作要做、有很多短板要补、有很多难题要探索破解。江苏省委为此已经出台了《行动方案》，要一步一步扎实推进，加快建设农业强、农村美、农民富的新时代鱼米之乡。

信长星书记所说的《行动方案》，全称是江苏省《高水平建设农业强省行动方案》。江苏是个工业大省，但是，从未在"三农"工作上有丝毫懈怠：以占全国 3.2% 的耕地生产全国 5.5% 的粮食。粮食总产量连续 9 年保持在 700 亿斤以上。

调研报告刊出时，安徽省委书记韩俊正在北京出差。这位多年从事农业工作、曾任农业农村部副部长的资深农业专家，在报纸上写了一段鼓舞人心的批示：光明日报社的这篇调研报告，以苏皖两个相邻山村为切口，以跨越时空的视角探寻近 30 年乡村发展的路径，解析新时代乡村振兴的密码，以接地气的语言提出"冒热气"的思路，对安徽全面推进乡村振兴、加快建设高质高效的农业强省，都是难得的启迪、重要的参考。山这边，山那边，都在长三角大家庭里边。安徽要以开展主题教育为契机，抢抓长三角一体化发展机遇，围绕推进乡村振兴等开展真调研、深调研，大力实施"千村引领、万村升级"工程，着力破解强农兴农惠农难题，加快建设彰显徽风皖韵的宜居宜业和美乡村。

新时期的安徽，正在异军突起。最近几年，全省生产总值连跨 2 个万亿元台阶，达到 4.5 万亿元，人均地区生产总值突破 1 万美元。粮食产量稳定在 800 亿斤以上，跃升至全国第四位。安徽经济实现从"总量居中、人均靠后"向"总量靠前、人均居中"的历史性转变。

但是，安徽省委、省政府并没有陶醉其中，看到更多的是自己的不足：发展不平衡、不充分仍然是最大的省情，现代农业发展基础仍然薄弱，农产品加工业发展不足；利用市场机制配置资源的意识和能力有待进一步提高；有的干部奋勇争先的意识有待进一步加强……

为此，安徽提出，聚焦乡村产业、人才、文化、生态、组织等方面，加快形成乡村建设新格局：到 2027 年，建设 1000 个左右精品示范村、10000 个以上省级中心村。

两个省不但制订了雄心勃勃的计划，还有了扎扎实实的行动。

观念是行动的先导，观念是否能够与时俱进，很大程度上取决于思想解放的程度。事实上，每一次事关"三农"的变革，自上而下也好，自下而上也罢，无一不是思想解放的成果。这一次也不例外。

调研报告刊出当天,我们就接到了宣城市委书记李中的电话。电话里,李中热情的话语中透着只争朝夕的迫切:"这篇调研报告,真是场及时雨啊。最近,我们正在查摆乡村振兴道路上存在哪些问题,该怎样突破。你们的六个问题,提得好啊!大家认为,这些问题切中我们宣城的实际。接下来,我们要一一列出任务清单,逐一制定解决办法,以'实招'促学习,以实干促突破!"

江苏也雷厉风行地行动起来。江苏省委、省政府专门确定由副省长徐缨挂钩联系洑家村。徐缨随即专程赶赴洑家村,就乡村振兴的方方面面进行了调研,听取村民的意见。

同宣城市不谋而合,常州市委书记陈金虎同样将对这篇调研报告的启发落脚在"出实招"上。"调研报告梳理了六个问题,为我们改进工作提供了方向。我们要以这篇文章刊发为契机,查短板、补弱项、出实招,扎实推进乡村全面振兴。"

对于记者来讲,互联网是了解新闻资讯的重要窗口。因为和山两边的缘分,自从有了互联网后,从网上关注山两边的发展情况就成了习惯。这次调研回来后,我们每天都要看看这两个"第二故乡"又有了哪些新发展、新变化。

在宣城和郎溪、常州和溧阳政府官网和微信公众号等平台上,每天传导给我们的都是山两边补短板、抓落实的热气腾腾的场景:《〈光明日报〉点名啦!》《县委召开"强信心、敢创新、促振兴"

总结研讨会议》《"凌"听乡音民意，"筀"出实干之卷》《共绘乡村振兴新画卷》……屏幕上的一个个标题，透出的是干劲，透出的是信心，透出的是发展。

基层党建越来越强

这些实招，到底有没有收到实效？

出于对新闻事实负责，我们通过各种渠道、各种手段，观察着、监督着、见证着山两边发生的一切。半年多时间，我们又先后四次走进伍员山。每一次都有新的惊喜、新的震撼。

那是 2023 年 8 月下旬的一天，我们随团采访长江生态保护。采访结束，我们绕道来到伍员山，对山两边搞了一次"暗访"。

春天那次调研，我们了解到洑家村新一届党支部刚刚成立。几个月过去了，对这届党支部，村民们是怎样评价的？我们随机采访了几位村民。

"你们是不是上面来检查工作的？这届班子可真不错，你们要好好表扬表扬，人人都是干事的。"

"现在上面对干部的作风抓得很严，想混日子，上上下下都不会答应。"

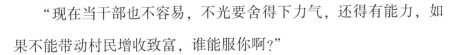

"现在当干部也不容易，不光要舍得下力气，还得有能力，如果不能带动村民增收致富，谁能服你啊？"

"这届村干部，都为村里干了哪些实事？"我们问道。

"那可多了！村里的路拓宽了，挣钱的门路也比以前多了，还搞起了山水旅游。只要你不想在家享安耽，都能找到活儿干。"

"村里大事小事都有人关心过问，像狗拴链了，鸡上房了，老鼠洞口撒药丸了，都有人替咱们操心。遇上邻里纠纷、婆媳不和、妯娌吵嘴，村里的百姓议事堂也都会帮着化解。"

"现在啥都提倡在阳光下操作，村里有村务公开平台、政务公开栏、村中广播，什么事都让村民知道，和村民商量着办。"

…………

听着村民们的一个个"赞"，我们心里也非常欣慰。

拨通了社渚镇党委书记宋斌的电话，我们把村民们对新一届村委班子的评价告诉了他。

电话那头的宋斌显然心情也不错，乐呵呵地说："欢迎记者暗访监督啊。确实，党的建设须臾不能放松！现在，全市都在下大力气加强基层党组织建设。譬如，在全市镇村3000多名党员干部中建立常态化'村村到、户户进、人人访'制度，把破难题、促发展、办实事、解民忧作为现场办公的重要内容；深化村干部专业化管理体系，将村干部的大专及以上学历占比提升到15%以上，确保进入有渠道、干事有梯队、职业有保障……"

宋斌回忆，新一届洑家村党支部上任不久，曾在"山这边"党群驿站开过一场特别的会议，专门盘点目前基层党组织建设的不足。

当时他也参加了，村干部一个比一个实在，真刀真枪地摆问题：

譬如，有村干部直言不讳地指出，村子缺乏整体规划，未形成明确的项目定位及发展方向，对不起刚拿到的"江苏省特色田园乡村"称号。

譬如，有村干部批评，村里的产业化发展水平尚待提高，不少产品产业链尚待拓展，经济效益转化率还较低。基础设施与商业配套设施不完善，难以支撑基本消费需求，所以年轻人才不愿意回村。

譬如，还有多位村干部认为，"新农人"培养尽管已采取了不少措施，但依然跟不上发展的需要。总体来看，村里的许多项目缺乏系统的运营管理，找不到专业管理人员。

宋斌说："从班子配备上说，洑家村的人才结构已经基本符合溧阳市提出的新标准。但要想切实发挥好基层堡垒作用，还要进一步提高干部的素质，加强村领导班子的管理水平。"

实地暗访和宋斌的一个个"譬如"，让我们对洑家村目前这个踏实、勤勉、深得人心的村党支部有了更多层面的了解。

提升基层党组织的管理水平，是门大学问！想实现共富，必须先实现共治、共享，这是湫家村几十年来党组织建设经验教训给我们的启示。从历史上来看，什么时候党支部精诚团结，能与村民打成一片，什么时候村里的发展就快，老百姓得实惠就多；什么时候党支部软弱涣散，与村民离心离德，什么时候村里的发展就会停滞不前，老百姓增收就会受影响。现在湫家村团结昂扬的精神面貌，与新一届村委班子有很大关系。就拿最近的一项关于湫家村文旅项目公开招商的决策来说吧，过去免不了有一些村民唱反调、闹意见，可是现在大家都很支持村里的工作，为什么呢？就十二个字：集体决策、公平公正、阳光透明！

基层党组织建设，郎溪那边又如何呢？

告别山这边，我们又悄悄来到了山那边。

正巧郎溪县在凌笪镇召集镇干部会议，研究如何进一步加强基层党员干部队伍建设。我们也"混"了进去。

开会之前，工作人员给每个与会者都发了一份之前有关部门调研收集上来的群众意见。我们也要了一份，林林总总有几十条：

"我们村的干部，人都很实在，为老百姓干活也不惜力，可要让他们推动合作社市场化运营、延伸开拓村里的产业，主意、办法还是少了些……"

"村里的好苗子，都被周边发达地区'撬'走了。村子的发展状况和村干部待遇不挂钩，被'撬'走也就难免了。"

…………

看着这长长的问题单子，镇干部个个神色都很凝重。

有一位40多岁的镇干部正在发言："前一阵，县里逐镇逐村对基层党组织进行了班子届中分析，选能人进班子，对那些不合格、不胜任的人员，及时做调整。这个很有必要！这一考核，问题就暴露出来了：有的干部业务不精通，上级政策没吃透，基层实情没摸清，没有政策等政策，政策来了等经验，总是满足于'差不多'就行。这怎么行呢？"

有一位干部站起来，自亮家丑："大家都知道，我们镇是咱郎溪唯一的山区镇，各村干部一共43个，来之前我查了一下，其中初中及以下学历的有5个。就像群众反映的那样，不但学历层次不高，懂农业、懂技术、懂发展的村干部更是缺乏。不过，说实话，不是大家不努力，实在是见的世面太少。我听说，这次县里要选派优秀年轻干部到上海、江苏、浙江的乡村对口学习，这个办法好，我想给我们镇多争取几个名额。"

"那可不行，我们也还想多要几个名额呢！"他的话音未落，其他镇的几个干部纷纷争了起来。看来，大家的急迫心情是一样的。

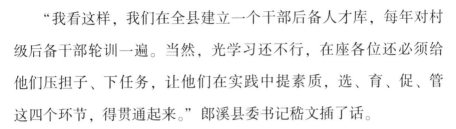

"我看这样，我们在全县建立一个干部后备人才库，每年对村级后备干部轮训一遍。当然，光学习还不行，在座各位还必须给他们压担子、下任务，让他们在实践中提素质，选、育、促、管这四个环节，得贯通起来。"郎溪县委书记嵇文插了话。

"要健全容错纠错机制，为敢担当的干部担当，为敢负责的干部负责，帮助干部打消顾虑、扔掉'包袱'，让吃苦者吃香、优秀者优先。"

"村干部的待遇要和村集体增收挂钩，否则，干部、群众都不满意。"

"为了让村干部拿出真本事，我建议每年干部至少要向老百姓公开作出一项承诺，亮给群众看，接受群众监督。"

讨论越来越热烈……

参加完镇上这场"火辣辣"的讨论会，我们又来到了下吴村。

没想到一进村就碰到了下吴村党总支书记蒋福金。老蒋先是很惊讶，旋即哈哈大笑："是不是来暗访的？不过说实在的，就盼着你们记者能多来。每一次你们来调研，都是对我们工作的促动。"

问起基层党组织建设情况，蒋福金说："要想跑得快，全靠车头带。对于乡村来说，党支部就是村里的'火车头'。虽然这几年村领导班子更年轻了，学历也上去了，但说实话，其中真正懂管理、会经营的，好像并不多……"蒋福金说，最近几个月，在市、县、乡的支持下，村委会补充了一批懂农业、会经营的致富能手，还实行了"小板凳会""村民热线"等特色做法。

"有没有兴趣啊？我想带你们去瞧瞧村里的'小板凳会'!"蒋福金拉着我们来到了"新风堂"的小院里。

这个小院，我们来过多次。那棵大樟树撑起了一把巨伞，阳光透过树叶，洒在院坝里，浓浓的叶片滤去了夏日的溽热，留下了一片清凉。几十位村民代表和村委会干部坐在树荫下围成一圈。

"下吴村的茶产业已经饱和，没有地了，不可能再扩大种植规模，只能专注于产业升级。"一位村干部提议，"下吴村知名度越来越高，能不能把新的增长点放在扩大乡村旅游上？"

马上有人提出了疑问："扩大乡村旅游，首先硬件要上去。要想留住客人，住房问题要解决，旅游内容要扩展，娱乐设施要跟得上，购物条件也要具备。而这一切，都需要较大的投入。钱从哪里来？"

"这正是我们今天'小板凳会'的中心内容。今天，正是要征求大家的意见。我们能否将村里闲置的民房以新成立的安徽下吴生态农业旅游有限公司的名义收储起来，然后集中投资做民宿？"蒋福金说。

话音刚落，乡亲们七嘴八舌议论开了。有人同意，有人反对。

最终，意见趋于统一：同意投资做民宿。

这时，又有人提出了见效后的分红问题。又是一番仁者见仁、智者见智的讨论。

"这样的'小板凳会'，村里经常开。凡是公共事务，我们都交给群众讨论，直到拿出合适的方案来，并将大家的意见逐一记录。"蒋福金说，"解放思想、加强创新是现在下吴村党总支的第一要务，但我们也意识到，光有闯劲还不够，走得快更要走得稳，一定要达成共识再行动。"

治理能力稳步提高

在 2023 年春天的那次调研中，我们做了若干次田野调查，开了若干次专家座谈会，面撒得比较开，目的是了解当前乡村振兴中存在的共性问题。

8 月这次回访，在下吴村，我们正好遇到了郎溪县政法委派出的一支调研小分队。他们的任务就是调研如何提高新形势下施政能力，如何防止"一刀切"等形式主义问题，如何建立有效机制防微杜渐"治未病"。

郎溪县政法委基层治理科干部张柱伟的本子上，密密麻麻记录了很多老百姓反映的问题。翻开小本子，他一边念给我们听，一边做着点评——

"干部要多听听老百姓的意见。都说干部要多入户走访，现实情况是，有些村干部走得多，访得也多，但是，访得不深、访得不透，对老百姓心里到底怎么想的知道得并不多。也有的，知道了老百姓所思所想，但拿不出解决问题的办法。"

"现在不少农村志愿服务队伍，参与者多是干部，群众参与的热情还没有被充分激发出来，'政府干、群众看'的现象还挺普遍。"

"一说乡村治理，好多干部想的就是怎么'管'，很少从村民的切身利益角度思考问题，很少在如何做好服务上花心思，这和城里'社会治理'的观念有不小差距。我们在调研中发现，不少在外打工的年轻人回到村里，都谈到了基层治理观念的'城乡差距'！"

这样的意见，还有很多。

表面上看，乡村治理"一刀切"是政策执行中出现的问题，但它背后反映出的是对百姓声音倾听不够，没有站在群众立场上思考、处理问题。

为了避免上述情况，郎溪县在乡村治理中着力改变"主要依靠行政命令"的思维和做法，倾听村民声音，形成多方合力参与乡村治理的局面。

在下吴村，我们看到了一个新设的"百姓说事点"。"这是县里加强乡村治理的新举措，通过放置留言簿、配备信息员，让群众切实感受到'说话有人听，心愿有人记，干事有人帮'。"蒋福金对我们介绍道。

提高乡村治理能力，郎溪让我们眼前一亮。把目光转向溧阳，山那边也在快马加鞭。

我们这次调研的第二天晚上，溧阳市社渚镇党委书记宋斌忙完一天的工作，过来找我们聊天。谈起乡村治理，他如数家珍：溧阳市正在实施"阵地点亮工程"，以网格化工作联动站、"党员微家"为基础，以"5 分钟"服务半径为目标，统筹建立网格党群直通站，打造"水西茶馆"等特色网格党群直通站，助力网格治理。同时，溧阳通过"提升矛盾化解率"这个方式进一步擦亮"百姓议事堂"特色品牌，具体做法是打造"社情民意墙、民声回音壁"，并依托网格党群直通站搭建"蔷薇红"党群小院、"场院说事桌"、"和邻有约"等协商议事平台，将矛盾发现在基层、化解在网格……

上次调研中群众谈到的乡村"空心化"问题，如今解决得怎么样了？

我们在调研中发现，山两边人气都比以前旺了。这半年多来，洑家村落地了好几个旅游项目，越来越多的村民自发开起了小卖部、茶馆、饭店、民宿，原来在外打工的村民看到村庄发展好了，也纷纷回村创业。

村民宋华平，一直在外搞电梯维修，是洑家村在外经商务工的代表性人物。听说溧阳出台了解决农村"空心化"问题的一些政策，他放下手头的生意回了村。市里出台的政策，最吸引他的有两点：一个是把公共基础设施建设的重点放在农村，推动水电路气等基础设施城乡联网、共建共享；另一个是发挥毗邻大都市近郊、深度融入南京都市圈的优势，促进一二三产业融合发展，实现农民就近就业创业。

"这次回来，我发现许多基础设施都完善起来了，一些文旅项目都会优先聘请回村的年轻人运营，说句实话，我自己心里也有点痒痒。"宋华平坦称，未来一段时间，他可能仍会在上海打拼。在他影响下走出洑家村的电梯运维从业大军，短时间内也会继续在中国的各个城市奔波。但是，他觉得故乡给了他们将来归根的希望。"我落户上海不是说就永远在上海扎下根了，只能说是暂居，我的根在洑家村。"

和我们聊完告别时，宋华平扭头回来，说了一句："我当年的出走，是为了多年后的回归。"

和宋华平一样，下吴村的丁文州也是一名"资深务工者"。

我们是在下吴村党群服务中心遇到丁文州的。他这次回家，是来办手续的。

丁文州的名字，我们在村里采访时曾多次听人说起。这个 18 岁就开始在外打拼的年轻人，从在建筑工地做小工开始，足迹踏遍了大半个中国，如今在合肥站稳了脚跟，成立了公司，有了一支 60 多人的劳务队，辗转各个工地。

"办什么手续？"我们好奇地问。

"我要在我宅基地上翻盖民宿。我打算回村了！"丁文州告诉我们。他在下吴村有 300 多平方米的宅基地，眼看着村里游客日渐增多，仅仅 10 多分钟车程的天目湖更是游人如织，他决定回村发展："这不，办好了手续，出了正月，就准备动工。"

"村里有足够的就业空间，生活越来越好，谁还愿意背井离乡？"丁文州对村里的发展很有信心，"你瞧，现在村里连汽车充电桩都有了，各种文化娱乐设施也在建，文化旅游产业又做得风生水起，将来回村创业的年轻人肯定越来越多！"

丁文州回村的事，凌笪镇镇长刘培帅也听说了。他在高兴之余，也做了反思："空心化，在一定程度上照出了我们工作中的不足。丁文州等人的回归，给了我们信心。只要我们进一步加强农村基础设施建设，进一步缩小城乡差距，更多的'丁文州'就会在故土扎根。"刘培帅说得很恳切："下一步，我们先要把茶叶、花卉苗木、优质稻米、蓝莓等特色产业做大做优。有了产业兴旺的底气，我们再从优化基础设施、营造宜居环境入手，为农村留住人气。"

新时代处处新面貌

吴定义，是下吴村的能人。上次采访完，我们一直与他保持着联系。

这次回访，我们又走进了他的家。难得清闲的吴定义正在躺椅上眯着眼边品茶边开着手机听黄梅戏。他的妻子黄永兰与另一个种茶大户夏宗英一起去郎溪县城，参加女企业家大会了。

寒暄过后，这位下吴村大名鼎鼎的"茶专家"和我们谈起了他的新规划。"你们上次离开后，县里一直在组织各种'新农人'培训会。有一次，请了一位教授系统讲了一二三产业融合的问题，一下子点醒了我。"

吴定义说，培育"新型职业农民"这事，现在，各级政府非常重视。县、乡和村里不仅加大了培训力度，还帮着村民安装了各种手机软件，通过微信、微博、远程教育等形式，给我们提供前沿信息和技术资料。"这项措施叫什么来着？"吴定义摸摸脑门想了想，终于想起来了，"是叫'新型职业农民培训工程'！这项工程可了不得，可以支持有实力的'新农人'承担农业建设项目，县里还配套了一系列融资政策，拿出真金白银为'新农人'创业提供资金支持。"

吴定义的话让我们想起了上次采访过的另一位"新农人"——洑家村的吴德清。记得那次采访中，他也呼吁要为"新农人"创业提供足够资金支持。

现在吴德清在忙些什么？

见到吴德清时，他正在给十几个村民授课，墙上的投影打出了授课的主题——"有机茶栽培方法"。

"我们的茶叶，完全不用任何人工合成的化肥、农药。有机茶栽培技术，我们走在了全国的前列。"吴德清话语里透着自豪。

"现在，洑家村在培育'新农人'方面真是拼了：搞'田野课堂'，一对一解决技术难题，每周有针对性地开展各类培训活动。组织高校学者、农业专家、企业工程师等，定期深入田间地头，还与我们这些村里的土专家'结对子'，帮助解决生产经营过程中的实际困难……市里还设置了扶持农业创新发展的专项资金，谁有新技术、好点子、好模式，只要符合规定，都可以得到资金支持！"

自己的建议被市里采纳，这让吴德清由衷感到欣慰。现在他更醉心于做技术、搞科研了，村里或附近哪家茶农遇到生产上的问题，吴德清没有二话，无偿提供技术服务，基本上是手到病除。

吴德清说："赠人玫瑰，手留余香；助人为乐是双倍的快乐。"

吴德清告诉我们，他藏着一个大的梦想。问他是什么梦想，他微微一笑，顾左右而言他。等我们知道的时候，已经是半年后的事情了……

新时代处处新面貌。

这次回访给我们的另一个突出感受是，山两边解放思想的步子迈得更大了。

当年的洑家村，股份合作制开发荒山的经验曾经被推向全国。如今，在农村土地制度改革方面，他们又在潜心探索。

洑家村所在的金山村党总支书记刘建新是一个爱动脑筋的人。他从兜里掏出一个笔记本，告诉我们，山区土地流转，该保持怎样的度才能使土地产生最大的效益，他做了些研究。

他认为，要从"时、度、效"的角度看待农业规模经营。所谓"时"，就是要保持足够的历史耐心，在与农村劳动力转移、农业生产手段改进以及社会化发展水平相适应的基础上，规范有序推进土地经营权流转。所谓"度"，就是要坚持农村集体所有制，在依法保护集体土地所有权和农户承包权的前提下，平等保护土地经营权，鼓励合理确定土地经营规模；进一步规范交易主体、健全竞价规则、完善流转合同，推动流转过程更加规范，确保农民利益不受损。所谓"效"，就是依据不同的农业资源禀赋，不追求一个模式、一个标准，引导发展土地入股、土地托管、统一服务等多种形式，提高集约经营、规模经营、社会化服务水平。

他说，针对土地流转衍生出来的一些新问题，洑家人也在想办法破解。譬如，土地流转出去了，合同期农民想收回来怎么办？如果种植大户亏了钱，欠农民的土地租金又该怎么讨？农民想要股金，可大户只愿意交固定租金，政府又该怎样去帮助协调？凡此等等，洑家村已经在一个一个探索。

如果说，洑家村是想在农村土地制度上有所突破，山那边下吴村则是把改革的重点放在盘活乡村资源上。

蒋福金说："结合艺术乡村建设，下吴村开展农文旅深度融合。具体措施就是用'闲置农房+社会资本'模式，回收、租赁闲置农房，在建成下吴村游客驿站、昔慢·乐山民宿、花涧民宿的基础上，进一步拓展集餐饮、住宿、休闲、娱乐为一体的伍员民宿集群，和伍员山大酒店、罗市伍隐酒店形成不同消费层次的搭配。我们正积极争取上级项目扶持，建设省级和美乡村精品示范村，助推伍员山旅游度假区建设。希望在村集体经济增收的同时，带动周边村民就业增收。"

无论是培育"新农人"、完善农村土地制度，还是盘活乡村资源，都是为了提升村民的幸福感，带动农村面貌根本改变。

郎溪县委常委、宣传部部长杨娟告诉我们，最近，针对百姓幸福感的问题，郎溪县委宣传部对全县农村居民做了一次近千人的抽样调查，内容覆盖个人基本信息、生活满意度、经济状况、文化教育、环境质量等方面。统计结果显示：98.9%的居民认为目前生活幸福。

"我们并不就此满足，打算从乡村饮食、乡村民俗、民间手艺、历史典故等多个方面，充分挖掘乡村文化特色，以文化人。我们还打算办一个'山这边，山那边'诗会，筹划'用艺术点亮乡村'的主题活动，让文化渗透进村，使人有书卷气、村有文化味。有书卷气的人，是幸福的人；有文化味的村，是幸福的村。"

以文化人，溧阳市有着自己的特色：通过制度来层层推进——包括构建文明家庭、身边好人、道德模范荣誉体系，推进乡风文明积分治理和移风易俗，同时，建好百姓议事堂、如意小食堂、文化小礼堂、幼童小学堂、道德讲堂和"心愿树"爱心工作站。"五堂一站"，充盈了百姓生活的方方面面，人们在潜移默化中提升了素质、滋养了心灵。

…………

这一次伍员山的回访，我们特意在暮色苍茫中站在伍员山最高处，俯瞰灯火璀璨的山两边夜景。不知是不是约定好了，两村的路灯几乎同时亮了起来。迤逦的光带把两个村连成了一个整体。如果不是多次来过这两个山村，真的很难分清哪个是下吴村、哪个是洑家村。一会儿，山这边的广场舞开始了，有村民把音箱推到村委会前的空地上，接上电源，随着音乐欢快的节奏，村民们翩翩起舞；一会儿，山那边的广场舞也开始了，同样是欢快的节奏、翩翩的舞姿。

音乐，和着天籁，伴着蛙鸣；村民们质朴的舞姿，醉了晚风，醉了流萤。于是，宁静的夏夜跃动起来，村庄跃动起来，幸福的感觉也跃动了起来……

这是何等温馨的山村场景！

这样的场景在以后的日子里将一直延续、延续，希望有多美好，奋斗的路就有多长。

第十章

春风又绿山两边

　　2024 年，行走在伍员山，处处春潮激荡。下吴村、洑家村着力打造茶产业，携手进行重点旅游开发，升级"百姓议事堂""小板凳会议"，无论是经济发展，还是社会治理，两村携手对标的都是中国农村发展的最高点、最高质、最前沿。山两边近 30 年的发展轨迹，是一个螺旋式的不断上升的过程，一点一点生聚，一步一步攀爬。山两边的人们，正在用他们的智慧和汗水，书写着属于他们的现代化篇章！

山两边，确实和我有着不解之缘。

2024 年清明节前夕，有关部门委托光明日报社写一组关于中国茶产业发展情况的调研报告，而且特别希望把苏浙皖山区作为重点。于是，我们把观察点放在了伍员山。

下吴村茶市一片闹忙

我们来到下吴村的时候，正赶上一场小雨。绵绵细雨如丝如缕，将蜿蜒舒展的村道润得黑亮黑亮。远处的伍员山被一层朦胧的薄纱轻轻笼着，时隐时现。空气中泥土和青草的芬芳，让人感受到一种难以言说的舒适与畅快。

早上五点多，雨停了，天还没有完全放亮。须臾，茶园里已是人头攒动。伍员山像是一位从沉睡中被唤醒的老人，睡眼惺忪地打量着山两边的村庄，如同看着自己的两个孩子，左看是慈，右看是爱。看了几百年，怎么也看不够啊。

山坡上，一行行茶树高低起伏，连绵不绝，像是铺在山坡上的五线谱，对着东方即将升起的太阳哼唱起动人的山歌。

被修剪成圆球一样的茶树冒出黄褐色的叶芽，这是茶农们蓄积了一年的希望。过去一年，他们除草、施肥、治虫、剪枝，只

203

为在这个春天的收获。

上千位来自全国各地的采茶工，正在下吴村的茶园里忙碌着。双手翻飞间，鲜嫩的茶叶便如蜻蜓一样从枝头"飞"进背篓里。

上午 10 点，下吴村党群服务中心边上的茶叶交易市场迎来了开张的一天。一车车茶叶陆续从茶园里运了过来，市场里弥漫着新鲜的土气和茶叶的青气，让人神清气爽。

王科陪着常州来的茶商朋友早早就在市场里等候。

"这是今天的第一批茶叶，品质不错，很多天目湖白茶都是用我们下吴村的鲜叶加工的。"王科向朋友介绍道，他也在留心寻找心仪的叶子。王科自己家的鲜叶从不出售，他会全部制作成茶叶慢慢销售。这是个从不隐藏雄心的年轻人，他坚信把鲜叶加工成茶叶利润更大。他更坚信，凭着他的能力，在不远的将来，就能攒够钱建一个茶叶加工市场："安徽、江苏边界一带几万亩茶山，总得要加工吧，不会愁货源，靠山吃山嘛！"

山上的茶从采下来到制作成干茶，一般不会超过 12 个小时。"像今天，不冷不热，山上的茶一般上午 10 点送下来一批，下午 5 点再送下来一批，要是赶上下雨，每天得送下来 4 次，雨水里摘的茶更不能放时间长。现在有了交易市场，方便多了。"下吴村党总支书记蒋福金带着村里的干部在市场维持秩序，疏导交通，"安徽、江苏、浙江的茶商前几天就来村里等着了，昨天一天的交易

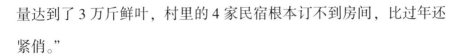
量达到了 3 万斤鲜叶，村里的 4 家民宿根本订不到房间，比过年还紧俏。"

打过招呼后，蒋福金向我们介绍起了有关情况。他从兜里掏出一张纸递给我："这是一份招标文件，目前这个茶叶交易市场，只有 4.8 亩，远远满足不了需要。我们正打算扩大呢。整个市场规模要翻一倍。"

虽然目前村里的茶叶产业发展得很不错，蒋福金却很清醒："从产量来看，下吴村的茶产业已经接近饱和，原因很简单——山上山下已经没有多余的地了，不可能再扩大种植规模。要想继续把茶产业做好，我们有两步要走，一是要在产业链上做文章，二是要设法提高茶叶品牌的知名度。"

王科和蒋福金有着同样的想法。他请我们到他店里坐坐。他的店就在茶叶交易市场边上。

坐在宽大的茶台后面，王科熟练地泡起茶："您闻闻，您闻闻，这香气，没的说。这些年，我喝过多少好茶，最后，还是觉得自己做的最好！"

我们看到，在小店货架上，摆放着不同品种茶叶的包装盒和茶叶罐。"您看，这个'罗市御品'就是我自己注册的品牌，除了这个，还有这三个。"王科站起身，一一指给我们看。

说得兴起，王科带着我们绕过柜台，来到后面一间板房，是他家自建的冷库，用来存放茶叶："您看看这款茶叶，用的是普通的鲜茶，别人都是用来做炒青，品相不好，1斤只能卖100元，我改进了工艺，做出了这一款香螺，1斤能卖到300元！"

"人家天目湖白茶品牌打出去得早，市场认可，外地客商都愿意进。我们郎溪白茶，知名度差了不少。有一次，一个浙江客户打电话要来买我的白茶。我把定位发过去，客户开着车过来，可是一看不是天目湖，是郎溪，人家连茶叶都没看，直接掉头走了。"

这件事给王科带来了不小的刺激，他知道：无论多难，都必须蹚出一条自己的路，建起自己的茶叶品牌。

"咱们刚才喝的，是我的黄茶。现在，我开始试着做桂花红茶了。我相信，这茶叶的品质没的说，加上这茶叶交易市场越来越红火，我的茶，也一定能卖上个好价钱！"

告别王科，我们来到邱君烈的郎溪县邱氏茶叶种植农场。

看到老朋友，邱君烈很高兴："你们上次那篇文章发出来以后，我的这个技术群也跟着名扬全国了！"邱君烈拿出手机，又一次打开"绿茶之乡茶业交流群"给我们看，里面的成员又增加了不少，"这个是常州的，这个是十字铺镇的，这个是洑家村的，这个是天目湖镇的……"

如今，在这个群里，邱君烈统一采购化肥农药，然后吆喝一声，群员纷纷上门来领。"我可是一分钱不赚哦!"邱君烈说，"以前，谁在种植和制茶方面遇到问题，提出来都是我说别人听，现在啊，只要有人在群里说一声或者拍一张图，马上会引得大家七嘴八舌地探讨。大家都成专家了，热闹得很。"

见到下吴村另一个"茶把式"吴定义时，他正穿着胶靴、扎着油布围裙，在后厨为房客准备晚餐，见到我们，匆匆打个招呼，又一头扎了回去。

过了好一阵，吴定义才转回来，已经换了一身衣服，脸上带着歉意。

"还要老板亲自下厨?"我打趣道。

听了这话，吴定义也忍不住笑出了声:"说出来，您一定不相信。上午有常州客人打来电话，点名晚上要来我的民宿吃新鲜羊肉。会宰羊的厨师刚好不在，其他厨师不敢上手，我只好硬着头皮上了!"

果然是什么都会的"能人"!

吴定义在我身边坐下，深深喘了口气:"这些天实在是太忙了，从春节前到现在，客房一直满满当当。客人是我们的衣食父母，他们的各种要求都得尽量满足啊。"

吴定义说，虽然主要精力放在了经营民宿上，但种茶的活计也没有放下。有了民宿，茶叶卖得更好了。

"游客大老远过来，为的就是尝到不一样的茶叶。不过，只有把茶叶做出文化味，才能吸引更多人来买。"吴定义思路还是那么清晰，"卖茶也要卖风景，搞茶旅一体！让客人来了不想走，走了还想来，这样我们的致富路才越走越宽、越走越长。"

站在院子里那棵硕大的桂花树下，吴定义一股脑向我们道出了他的想法——

"您看，那山泉从伍员山上流下来，先流到下吴村，然后才向东进了山那边。所以，我想给下吴村来句广告词：'来下吴村，品第一口山泉。'嘿嘿，我没什么文化，您是文化人，帮我想想行不行？然后，围绕这'第一口山泉'，在屋里，我们给客人泡上优质的生态茶叶；在塘边，可以钓纯天然的小鱼；在后厨，我们把村民种的菜、山上挖的竹笋加工一下，都是绿色有机食材，肯定受客人欢迎……逛累了、玩累了，就在村里的民宿住下。

"我算了一下：我们办个合作社，村民在自己家庭院里种菜，发展庭院经济；合作社和村民签订种植收购协议，至少可以带动50人就业。

"再然后啊，规模做大了，可以在下吴村建一个农副产品交易市场。既然城里人能来下吴村，咱的绿色农产品怎么就不能进城呢？"

洑家人心中蕴着梦想

午后，我们从下吴村来到洑家村，沿途茶山上的人们仍然在忙碌着。山坡向阳处的茶园已经采摘了一半，但平地处的茶园因为气温低，刚刚开采两天。谁都想抓紧晴好的日子，尽快把品质好的茶叶采回来，茶农们心里都清楚："清明一过，茶叶粗大，品相就不好了。"

村民在山上忙碌，洑家村里静悄悄的，静得就如同村口的池塘。

老支书王海清静静地坐在自家池塘边上，目光定定地投向水面，不知在想着什么。是啊，这方水塘，承载了他太多的岁月记忆，有失落，但更多的，是荣光。

蓦地，一条小鱼浮上浅水，扭动了一下尾巴，轻轻漾开一道水波，打破了如镜的水面。

老支书的思绪被这轻微的响动打断，缓缓回过神来，这才发现，我们已经悄然来到他身边。他忙起身，咧开嘴哈哈一笑，一把拉住了我的手："你到村里来，怎么不早打一个招呼！来得刚刚好，我有个事，正想让你帮我参谋参谋。"

将我拉到身边坐下，王海清讲起了他思谋已久的事。

"我琢磨着，村里要有大发展，说一千道一万，首先还是要有更多产业支撑。前些日子，我遇到了这么一个商机，我想试试……"说着说着，王海清的眼里透出了光。这道光，我20多年前见过。

事情和眼前这片池塘有关。2019年，为了保护天目湖水源，洑家村和下吴村陆续退养了青虾。此后，王海清的养殖场就一直处于闲置状态。王海清嘴上不说，但心里那个急呀！

就在前不久，他看到了池塘新生的希望。

有个辽宁营口养金鱼的客商，培育出了与众不同的金鱼品种。这种金鱼，下颚长着两个对称的"气泡"，是难得一见的稀有品种"颚提灯"。

不久前，这个客商找上了王海清，说，他一直在寻找气温适宜的养殖场。伍员山的温泉水非常适合"颚提灯"的繁殖。

王海清很是兴奋："养这个品种的金鱼，附加值很高。我想把这养青虾的池子改造成养金鱼的池子。如果能够成功，可以发动村民，进行订单化养殖，在洑家村打造个中华金鱼园，就像当年我们打造'中国青虾摇篮'一样！"他越说越激动，言语间，当年那个踌躇满志、意气风发的王海清又回来了！

"放心，我打听过了，不会污染水源，而且用的是棚内养殖池。"王海清看出了我的心思，抢先回答了我还未出口的问题。

和王海清聊起村里的茶产业发展情况，王海清说："这方面，吴德清最能讲得清。"

在王海清陪同下，我们又一次拜访了吴德清。

吴德清是第一批被洑家村党支部送出去学技术的年轻人之一。当时，吴德清被送到江苏句容农校（现江苏农林职业技术学院）学习茶叶种植技术。学成回村后，就是他到浙江茶叶研究所帮村里引回了白茶苗，将洑家村的茶树品种做了更新，大幅提高了茶叶的经济效益。

从白茶，到黄茶，再到今天种植面积不断扩大、价格更高的奶白茶，洑家村的茶叶种植已经成为主要产业支柱，仅此一项就为村民带来 1600 多万元收入。将不起眼的茶叶变成洑家村富民"金叶"，吴德清功不可没。

如今，吴德清是远近闻名的茶叶专家。

沿着山脊往前走，茶园绵延起伏，一眼望不到头。白茶、黄茶、奶白茶……没想到茶叶竟然有这么多的品种。

踩着松软的泥土，我们踏上了茶山小径。经过冬日的沉睡，一排排茶树正萌发着青青的嫩芽，晶莹剔透，宛若一颗颗宝石。

吴德清正低头在茶树间观察着什么，听到老支书招呼，直起身，快步向我们迎了过来。

"打扰你了。在忙什么？"我们问。

"不打扰，不打扰。这不，这些日子茶树都起芽了，我来仔细看看，不同品种的茶树，都是什么样的状态。"吴德清随和地回应着。

我们和吴德清的交谈，就从这来自全国各地的茶树说起。

吴德清告诉我们，从2014年开始，他就萌生了一个念头：全国茶树有200多个品种，分布在不同土壤、温度、水质的地方，能不能通过对它们的抗病性、抗寒性、抗旱性、抗虫性进行深入研究，将它们的优秀基因都搞透彻，再进行组合？这样，是不是中国的茶叶品质会更优，产量会更高，适宜种植的地区会更多，有更多的茶农能从中受益？

吴德清把自己的这个想法和母校江苏农林职业技术学院的老师们一说，得到了一致支持。

从那时起，一有时间，吴德清就往各个产茶区跑，向当地专家取经。每一次回来，他的包里都会揣上几株不同种类的茶苗。

就这样，他建起了"茶树品种资源库"，而且随着茶树的品种越来越多，种植的面积也越来越大。

吴德清带着我们参观他的"宝贝们"，不时提醒注意脚下："这个地方，一般人我不让进来，好不容易弄回来做研究用的，万一有损伤，那损失就大了。"

他指着那些稀有品种给我们看："你看这一棵，叶片宽大，叶形椭圆，边缘呈锯齿状，枝干有些弯曲的，是'福建奇曲'，抗虫性好，适合采摘下茶……这棵叶片较小的是'龙井长叶'……那棵叶片繁茂的叫'紫芽'……这一棵叫作'云抗'，是我从云南带回来的，可能不太适合这边较低的气温，你看，叶片有些萎了……"这一刻，你根本看不出这是位60岁的老人。

吴德清告诉我们，10年的时间，他已经收集到全国一半以上的茶树品种，每天观察各种茶树的生长情况，记录数据，尝试着对不同品种进行杂交，并在茶叶制作中把不同的工艺引进来。"我想，不仅要有一个茶树资源库，以后，我还要做一个茶树资源谱！"吴德清的心里，还有一个更大的梦想。

回到吴德清的办公室，他兴冲冲地拿出一包茶叶："先不告诉你们叫什么，品尝之后再说。"

杯里红茶在窗外透进的阳光映照下，沉静、温润。尝一口，没有第一泡红茶的苦涩，舌尖上是爽滑清新的气息，让人心神为之一振。

"茶叶就是我们科技园里的茶叶，只不过，我把乌龙茶制作工艺当中的摇青技术融入进来，这一款红茶的口感就会更好，更适合年轻人的口味。"吴德清有些得意地笑着，眼睛眯成了一条缝，越发显得儒雅慈祥。

提起下吴村新建的茶叶交易市场，吴德清来了兴趣："这对我们狄家村来说，也是天大的好事！苏皖两地山水相连，人缘相亲，本就不该分彼此。建一个上规模的茶叶市场，对两地百姓来说就是搭起了一个致富的舞台。有了开头就好，一点一点建，说不定哪天就成了全国性的呢！"

伍员山处处春潮激荡

行走在伍员山，叮咚叮咚的泉水声，不时在山谷间奏响，仿佛在催促岁月的脚步。春风又绿山两边！那份春天的生机与活力，蕴藏在每一片茶尖上，蕴藏在每一朵含苞待放的花蕾中，蕴藏在每一个人满怀希冀的心头。

距吴德清那片科技园不远，是下吴村蓝莓种植基地。在伍员山一望无际的翠绿中，这片白色的温室大棚在艳阳下分外夺目。走进大棚，一位满头白发的村民正在通过手机查看蓝莓生长情况。见我们好奇，他呵呵一笑："蓝莓日常管护，就靠它了。"不等我们发问，他接着解释起来，"盆栽蓝莓被智能水肥系统连接起来，大棚里的几十个传感器和物联网设备，一直盯着大棚气温、土壤湿度、水肥补给进度，一刻不停地'汇报'数值变化。我们就根据这个数值变化，该调温时调温，该浇水时浇水，该施肥时施肥。"

"下吴村已经建成了 100 亩蓝莓采摘园。这个采摘园可不简单呢，不光卖果实，还卖环境、卖人气——村里已和上海的大企业签订合作协议，发展观光休闲产业。"遇见我们时，凌笪镇党委书记史铁军正陪同郎溪县委常委、宣传部部长杨娟在蓝莓基地做调研。老朋友一见面，话匣子就打开了。他的语气中满溢着兴奋和自豪："蓝莓采摘园只是下吴村'产业升级'大棋中的一颗小棋子，更大的招还在后面呢！"

"我们计划打造'三馆两道一站一中心'旅游环线。到时候，游客可以来我们的小康工程展馆、中国经典书画馆、伍子胥文化记忆馆感受这里的文化积淀，还可以去'茶绿樱红'游步道、登山步道领略自然风光；要住宿，有'游客驿站'；要购物，有'文创中心'。"杨娟接过话茬和我们聊了起来，"我这次调研，就是思谋着把伍子胥文化历史名村和伍员山风景区一同打造，申报 AA 景区。"

就像当年溧阳"1 号公路"修到下吴村，打通了下吴人对外发展的路径一样，杨娟口中的"旅游环线"自然也少不了与洑家村的联动。在洑家村的规划中，这 5 公里旅游环线，会将洑家村 8 个自然村串联成线，进行重点旅游开发。

"所谓'重点旅游开发'，就是向更高、更深、更强迈进，力求实现旅游资源生态效益与经济效益的最大化。我们的目标，是将洑家村打造成让都市人实现田园梦、小朋友探索大自然、年轻人潜心创新创业、老年人健康生活的'桃源幸福村'。"溧阳市社渚镇党委书记宋斌告诉我们，"这个'桃源幸福村'，会推出皮划艇水上运动、全地形山地车、田园游乐、幸'洑'大集等一系列旅游项目。不仅如此，我们正琢磨着，以特色研学为核心，构建农旅五重特色体验，组建农旅产业、电商产业、乡村共治等三个联盟。"

听着下吴村、洑家村的规划，我们真切感受到，山两边对未来发展的设想，已经远远超出了过去相互学习的"两村圈"。而今，他们携手对标的，是中国农村发展的最高点、最高质、最前沿。

向更高、更深、更强迈进，不仅体现在经济层面，还体现在社会治理的方方面面。

江南的春天，正是多雨的季候。这不，刚才还是艳阳高照，这会儿四野里雨丝潇潇。流经洑家村和下吴村共建林边的那条小河，涨起了春潮，水流轻拍着河岸，仿佛在为越来越浓的春色伴奏。

说起这条河，下吴村第一书记陈福元有讲不完的故事。他说，以前村里曾有一句顺口溜："开了矿养了虾，人人不怕无钱花。可是粉尘到处刮，溪沟成了垃圾的家，有命挣来钱却又无命花。"后来，随着"绿水青山就是金山银山"理念的深入人心，"不再开矿不再养虾，呵护家乡的山和水，人人发了财，家家照样有钱花"。现在，乡亲们有了更高的追求，对照"千村示范万村整治"工程的高标准，决心将生产、生活、生态的"三生"环境一体打造。

我们在洑家村发现，连"百姓议事堂"也有了"升级版"。许建平还是那样健谈，一见我们就说："'百姓议事堂'，现在可比过去强。我有了'接班人'，她叫喻旭娇。别看年纪小，本事可比我大多了。"

他把一个瓜子脸、皮肤白皙、一头干练短发的 20 岁出头的姑娘介绍给我们。

喻旭娇，是洑家村的妇女主任。见到生人，姑娘有些羞赧，脸红到了脖子根。不过一聊起工作，她脸上的慌乱不见了，马上来了精神，言简意赅，条理清晰："化解矛盾，单靠过去那种'和事佬'的方式，显然不适合新时期农村的需要。平息眼前的纷争固然很重要，但更重要的是，要刨掉产生矛盾的根。'枫桥经验'中有这么一条，'善良的心是最好的法律'，所以，我们平时工作时，要把涵育乡风、培植善念、引导善举作为重中之重，根正了，苗才能直。与此同时，还要用现代化的治理手段，去固根养干。

譬如，我们村还推出了'网格化'管理等立体防控措施，制定了'村监会制度'。如此多管齐下，也就达到了标本兼治的目的。"

标本兼治，向更高、更深、更强迈进，下吴村也有下吴村的打法。他们将"小板凳会议"进一步规范深化，创建了一个"守望'凌'里"社会治理品牌：重大事项一律由集体协商、民主表决。因为集体决策，说闲话的人少了，讲团结的人多了，操心村里事务的人多了，抢着做公益活动的人多了。

…………

的确，行走山两边，视野里尽是"风景"：莺飞草长，万木葱茏，早开的荼蘼白得耀眼，而那些长在半山腰岩缝里的杜鹃则一片嫣红。这扑面而来的浓浓春意，怎能不让人心旌激荡！

回望近30年采访伍员山的历程，随着一个又一个春天到来，随着一波又一波春潮劲涌，山两边无论是生活质量、人居环境、产业结构还是治理能力、乡风民俗，均发生了全面的蝶变。它们是中国山乡巨变的缩影，折射着我们这个伟大时代变迁的点点滴滴。

实现中华民族伟大复兴是近代以来中华民族最伟大的梦想。乡村振兴关乎着民族复兴。而农村的面貌与气象，呈现着乡村振兴的成色与质地。山两边几十年的嬗变，为我们探索乡村振兴提供了镜鉴。

那么，乡村振兴最直观的轮廓是什么？那就是宜居、宜业、宜人！让农村有田园牧歌的诗意！让黄发垂髫年年岁岁怡然自乐！让物阜民丰成为"常景""长景"！让伺桑麻侍农事有甜头有奔头！让祖先留下的皇天后土更好地造福今天的中国人！

当然，要做到这些，我们还有很长很长的路要走。山两边的发展，用铁一般的事实告诉我们：乡村要振兴，绝不能停留在人力叠加、资源拼凑的老路上，农业必须全面升级，农村产业亟待深度融合。只有在生产方式、组织方式、销售方式上实现无缝衔接，中国农业才能创造无穷的可能！

山两边近30年的发展轨迹，是一个螺旋式上升的过程。在这个过程中，无论是下吴村还是洑家村，都曾有过惶惑、不足甚至短板，但他们在不断进取中，廓清了迷雾、克服了不足、补齐了短板，使村庄越来越美，使日子越过越甜。两个村子从温饱难以为继到实现全面小康，再到乡村振兴，一点一点生聚，一步一步攀爬，终于实现了从量变到质变，夯实了向现代化蝶变的基础。

放眼全国，不也正是这样吗？

从"二牛抬杠"到卫星治虫，从"靠天吃饭"到"靠云稼穑"，互联网铺在"田埂上"，无人机变身"新农具"，直播变成"新农活"。如今，我们的农民兄弟们正在用新理念、新技术、新模式，让现代农业星火燎原。

　　如果你深入中国农村的肌理，就会发现，每一天，每个乡村都在悄然发生着变化。这种变化，只要留心，你就会感知到：澎澎湃湃，从未停歇！

　　的确，中国的农业正在全面升级，生产方式踏着科技的步子；

　　的确，中国的农村正在全面进步，乡居人家有了精致的样子；

　　的确，中国的农民正在全面发展，千家万户走上富裕的路子……

　　又到了离别时刻！车子驶离伍员山时，我们的眼前，仿佛浮现出山两边未来的场景：下吴村、洑家村正昂首阔步走在现代化农村的大道上。现代化，不仅体现在产业上，还体现在社会组织形式、乡村治理模式、人的精神素养上。

　　你瞧，山两边的人们，正在用他们的智慧和汗水，书写着属于他们的现代化篇章！

　　当然，我们还会回来的！

后　记

一场跟踪近 30 年的调研

一条新闻线索，记者持续追踪了近 30 年。

30 年间，记者多次对苏皖交界的两个小山村进行深度调研（以下简称"山两边"调研），发表的《山这边，山那边……》《三年再访山两边》《苏皖两个相邻山村的岁月嬗变》3 篇报道，每一篇都在苏皖两省引起强烈反响：省委、省政府主要领导专门作出批示，掀起思想解放大讨论；两地几十年来持续比学赶帮超，助推了当地经济社会发展和乡村风尚转变……

这组报道，为何能产生如此大的影响力？探赜这场调研的缘起、过程与社会效果，颇有一些值得总结的地方。

一、选取调研对象，须臾不离问题意识

选取调研对象，是做好调查研究的第一步。调研对象合不合

适，直接关系到调研的成败。然而，不同地区有着不同的历史传统、资源禀赋和发展路径，不同的人有着不同的人生经历、价值取向和思想观念。在浩如烟海的备选对象中披沙拣金、探赜索隐，难度可想而知。以"山两边"调研为例，中国有数十万个行政村，为什么调研组独独选择了苏皖边界这两个不起眼的小山村？这就在于记者时刻保持着敏锐的问题意识。

保持敏锐的问题意识，要善于从"寻常"中看到"不寻常"。"山两边"调研缘起于一个"偶然"。1995年，记者在江苏常州采访，一条新闻线索引起了记者关注：苏皖边界的伍员山，是一座不起眼的小山包，山的两边分置着两个小山村：一个是江苏省溧阳市周城镇的洑家村，另一个是安徽省郎溪县岗南乡的下吴村。两村的自然条件基本相同，发展光景却判若霄壤：洑家村远远好于下吴村。

两村同饮一溪水，共砍一山柴，缘何有如此大的差异？带着这个问题，记者展开深入调研。

原来，受益于较早推行家庭联产承包责任制，下吴村率先解决了吃饭问题，但是，"够吃够穿蛮安耽，喝口老酒享清闲"的小富即安观念绊住了下吴人前进的步履。而原本每年要向下吴村借粮才能填饱肚子的洑家村，穷则思变，一跃成为富裕村……

记者将在"山两边"的采访情况写成报道《山这边，山那边……》，并配发了短评《观念生"金"》。这篇报道引起安徽省委、省政府的高度重视，几位时任安徽省领导都作了批示，并要求以这篇文章为契机，进行一场全省范围的思想解放大讨论。安徽由此开始奋起直追。

保持敏锐的问题意识，要善于从"个性"中找到"共性"。"问题意识"不是一味地"挑错"，而是客观审慎地找出反映实际、具有代表性的问题，也就是从"个性"中找到"共性"。

1998 年，记者再次来到"山两边"。两村的变化让记者很是意外：知耻而后勇的下吴村，"对照洑家找差距，憋足劲头赶洑家"，一派生龙活虎的景象。而洑家村却走了下坡路，干群关系严重对立，曾经红红火火的村办企业一派萧条……

为什么会出现这样的"反转"？原因是多方面的，如果我们"眉毛胡子一把抓"，很容易陷入只见树木不见森林的窠臼。

这时就要思考：这些问题中，哪些是最具典型和代表意义的共性？记者发现，当年因为穷，全国许多农村都像洑家村一样穷则思变，但在跨出第一步后，都面临改革转型的阵痛。集体利润怎么分？村属企业怎么办？乡村管理如何与时俱进？怎样有效抵御市场风险？针对这些问题，记者在《三年再访山两边》一文中，用"提公因式法"亮明观点："真正要有大的发展，仅有志气还不行，还必须'创新求变'。"

保持敏锐的问题意识，要善于从"痛点"中找到"焦点"和"重点"。转眼20多年过去了，"山两边"如今是怎样一番模样？在全面小康迈向乡村振兴的新征程中，两村又存在着哪些问题？

任何发展阶段都有自己的"痛点"。然而，如果我们将每个"痛点"都仔细"扫描"一遍，平均用力，就会导致调研"失焦""失重"——"失焦"，会让调研左支右绌，得不出全面准确的结论；"失重"，会让调研"飘"在空中，只及其表不及其里，看不到事物的本质。

如何从"痛点"中找到"焦点"和"重点"？这就要求调查者找到最能契合中央中心工作、最能影响乡村振兴、群众最关心的现实问题。在《苏皖两个相邻山村的岁月嬗变》报道中，记者就在纷繁复杂的问题中，定位"党的建设""农村空心化""培育新农人""规模经营""幸福感""乡村治理"六个焦点，抽丝剥茧层层剖析。因为切中要害，符合时代特点和发展实际，"一石激起千层浪"，在全国引起强烈反响，各地农村都从这篇报道中找到了共鸣。

江苏省委书记信长星第一时间作出批示，指出文章以扎实深入的调研，全方位而又独具时空纵深感的视角述说山这边与山那边的变迁，同时又本着问题导向以田野调查的方式述说问题，启发思路，给人以许多启发与思考。安徽省委书记韩俊也作出批示，认为光明日报社的这篇调研报告，以苏皖两个相邻山村为切口，以跨越时空的视角探寻近30年乡村发展的路径，解析新时代乡村振兴的密码，以接地气的语言提出"冒热气"的思路，对安徽全面推进乡村振兴、加快建设高质高效的农业强省，都是难得的启迪、重要的参考。

二、确定调研方法，关键在于因题施策

1941年9月13日，毛泽东在延安对"妇女生活调查团"讲话时专门谈到了调研方法的问题。他说："没有调查，就没有发言权。但就有同志要问：'十样事物，我调查了九样，只有一样没有调查，有没有发言权？'我以为如果你调查的九样都是一些次要的东西，把主要的东西都丢掉了，那末，仍旧是没有发言权。"

这段话发人深省。调研中，如何避免把"主要的东西"丢掉，让调研切中主题、不留盲区？这就取决于是否科学运用了调研方法。

调查研究的方法很多，常用的有实地观察法、访谈调查法、问卷调查法、文献调查法等。从"山两边"的调研来看，统领整个调研的，是比较调查法。这是一种将两个以上事物，或一种事物的几个方面、不同阶段进行对比，分析它们的共同性和差异性，以认识事物和现象的特点、本质的调研方法。

在"山两边"调研中，30年，不仅是一个时间概念，更为这组报道确立了明晰的坐标——在纵向上，延展了两个村庄的发展纵深，使读者得以窥见它们各自的发展脉络，异中见同，理解中国农村不断进步的总体历史逻辑；在横向上，通过两个村庄进与退、得与失、兴与衰的相互对照，找到解放思想、组织建设、自我能动、环境驱动所起到的关键性作用。

在比较调查法的统领下，我们注重"因题施策"，综合运用多种调查手段，获取最科学的研究素材。

一是从"小"处着眼，由细微处探求本原。 调研中，记者收集了"山两边"户籍、集体财产与分红账目等经济数据，也以抽样调查的方式分发问卷，基本了解了两座村庄经济运行、社会网络、居住格局、宗族关系等情况。

除数据收集和问卷调查外，调研组还在与村民的"偶遇"与"闲谈"中获取了有关村庄的大量具体信息。这些针头线脑、柴米油盐，看起来鸡零狗碎，其实都是关乎民生的大问题。忽视了这些"小"，就是忽视了事物的"本真"。

于是，对这些"小"，我们动了"大干戈"。调研组坚持挨家挨户实地走访，听村干部总结得失，组织专家座谈讲问题根源……我们的采访对象，既有省市县各级干部，也有术业有专攻、见解深刻的专家学者；既有村里的留守老人，也有返乡创业的青年人、仍在勤奋读书的孩子；既有致富能手，也有并不富裕的农户。

正是这些与基层干部、民众交谈中获得的直接信息和切身感受，让我们得以关注到文献资料和问卷数据之外的问题，如乡风民俗、婚嫁流向、生育意向、人口素质乃至历史文化等带来的潜在而深刻的影响。这些细微而鲜活的调研素材揭示了两个村庄生活表象背后的内在逻辑，给我们进一步"解剖麻雀"和"层层剥笋"提供了保障。

二是朝"深"处开掘，从矛盾中找到症结。 为什么很多报道也在使用各种调研方法，但呈现出来的往往是表面问题多，深层次问题少；已经解决的问题多，提出正在面临的问题少；散碎的问题多，归纳总结具有全局性意义的问题少？其最根本的原因，还是"隔着玻璃看庄稼，围着饭桌话桑麻"，身到了基层，心却未到一线。

涉浅水者得鱼虾，涉深水者得蛟龙。近30年的调研，最重要的一点，就是记者始终一竿子插到底，和村民碰头打脸交朋友，忧伤着他们的忧伤，快乐着他们的快乐，洞悉了两个村庄的细微"脉动"。

只有洞悉还不够，还要善于迎着矛盾上。事物的本质往往是通过矛盾冲突显现出来的。

在"山两边"的调研中，我们专门搜集了"矛盾点"，然后展开"进攻"。譬如，洪家村村民一度对村党支部很有意见，问题到底出在哪里？我们没有回避，老村支书王海清也没有回避，"是被成绩冲昏了头脑，步子迈得过大了，个人能力方面也存在一些缺陷"。再如，在"规模经营集中到什么程度"这个问题上，基层干部中出现了分歧：有人认为有规模才有效益，只有尽可能把田集中在种植大户手里，采用先进机械耕作，效益才能大大提高；有人则表达了担忧，认为我们的机械化水平还不像发达国家那么高，土地太多，未必"吃"得下。两种意见，在文中我们都予以充分展示。

纵观"山两边"调研，这样的"矛盾""争论""分歧"比比皆是。在对矛盾的揭示中，在对实践的研判中，在对事物对立统一的辩证分析中，调研的"深度"慢慢体现了出来。

三是向"大"处延伸，于全局中观察嬗变。调研，要从政策中觅方向，从泥土里寻思想。这需要对中央大政方针熟稔于心，还要将基层一草一木尽收眼底，由此实现从感性认识到理性认识的飞跃。这也就是我们常说的"站在天安门上看全国，站在田埂上找感觉"。

任何调查研究的目的都是发现问题并解决问题。这需要调研者熟谙世情、国情、党情，以全局视野观照特定事物。同时，用脚板去丈量大地，对社会现象、现实情况了然于胸。

在"山两边"调研中，我们采取综合调查和专题调查相结合的方式，将两个村庄纳入改革开放、市场经济、脱贫攻坚、乡村振兴等不同时代背景中考量，将"大远景""中近景"和"特写镜头"有机结合起来。如何全景式展现两个山村的嬗变？中国式现代化和乡村振兴就是这次调研的"大远景"；"长江三角洲区域一体化发展"是调研的"中近景"；两个村庄"摽着劲""携着手""比学赶帮超"是特写镜头。只有将这三个视角综合运用起来，才能拓宽视野，才能跳出两村看全国。只有这样，文章才能为决策提供科学参考，两村的经验才有推广的价值。

三、求解调研结论，务必秉持系统思维

记者报道新闻，不是浮光掠影的表象化观照，而是能动地探寻、揭示。

笔者认为，记者大体分为三类：第一类是不称职的记者，不能到位地反映新闻事实，往往是采访对象看了文章后，连皱眉头；第二类是称职的记者，可以不走样地描摹新闻事实，采访对象看了文章后，会说"噢，是这么回事"；而第三类记者，不满足于新闻事实本身，目光具有穿透力，把采访对象潜意识里想表达而未能完整表达的思想挖掘了出来，采访对象看了文章后禁不住称赞：

"对，这正是我想要说的！"

由此观之，调查研究也可以分为三类：不合格的调研，会得出偏离事实的结论；合格的调研，基本可以反映事实的全貌；而出色的调研，是要做到"采访对象未必知，记者未必不知"，帮助采访对象更深入更全面地思考问题，不仅知悉今朝，更能预判明天。只有做到第三点，才能称之为"专家型记者"。

如何当好"专家型记者"？从"山两边"调研的经验来看，坚持实事求是，秉持系统思维，把握好三方面关系至关重要。

一是微观真实与宏观真实之间的关系。调查研究的底线，就是真实地反映事实，做到"其文直，其事核，不虚美，不隐恶"。然而，很多调研就单个事件看，似乎没有偏离事实，总体却出现偏差，为什么？就在于记者没有用全面、系统的眼光看待问题，一叶障目，不见泰山。其实，用一个极端例子来说明一个观点，或图解一项政策，并不难，但这种微观的真实，放在宏观背景下去考量，往往未必真实。因此，只有辩证处理好"宏观真实"和"微观真实"，才有真正的"新闻真实"。

就拿"山两边"调研来说，我们看到了许多"微观真实"。譬如：部分村民思想观念仍旧落后，乡村治理仍存在形式主义问题，"烂市"等市场风险仍不时发生。但我们看到的更多的情况是：村民的日子越过越好，居住环境越来越美，农业结构更趋合理，农业生产力稳步提升，基层组织战斗力更加强劲……两者都是"真实"，但处理不好，就会给读者带来误导——如果只是单方面强调好的一面，就不利于解决乡村振兴进程中的风险隐患；如果过度强调乡村发展中的短板，则易引发负面情绪，影响发展信心。

因此，调研组力求做到"微观真实"和"宏观真实"的统一，既客观真实地反映中国的山乡巨变，又不回避当前农村出现的新矛盾、新问题。在揭示问题时，不是单纯地指责和抨击，而是分清主流与支流，客观理性地点出问题的症结所在。这种做法既令人信服，又避免"自掌嘴巴"，切实做到了"有一是一、有二是二，既报喜又报忧，不唯书、不唯上、只唯实"。

二是当下与长远之间的关系。问题有很多种，情况不同，性质也不同：有些当下看较为严重，但已有可行的解决办法，假以时日就能化解；有些还处于萌芽阶段，暂未出现明显影响，但长期放任就会酿成苦果。因此，要注意辩证地分析问题，把握好当下与长远的关系。

在"山两边"采访中，我们收集到的问题信息有数十条。在进行归纳总结时，调研组不断强调要搞清楚什么是偶然的、什么是必然的，什么是暂时的、什么是长期的，什么是历史惯性、什么是未来方向……带着这样的警醒，我们总结出"'三资外流'和'五人增多'是目前农村'空心化'的主要困境""乡村产业要有

大发展，培养'新农人'这一关，早晚都要过""土地流转，贵在
'适度'。流转规模要与农村劳动力转移情况、技术能力和社会化
服务水平相适应，不追求一个模式、一个标准"等结论。

三是表象与本质之间的关系。在进行调查研究时，不能只停
留于所调查事物的表面，只有透视调查对象的本质，才能得出符
合客观规律的科学认知。

因此，我们要善于做到透其面而观其里，知其然还要知其所
以然。譬如，在调研中，通过对两村干部、村民的采访，记者发
现问题出在"观念"上：下吴村吃饱肚子，得益于"观念"更
新——较早施行了家庭联产承包责任制，而它的落后，也是村民
解决温饱后思想观念转向保守的必然结果；同样，洑家村的后来
居上，也是其转变"等靠要"观念，学习用市场经济的方法发展
集体经济使然。

需要特别指出的是，这种探究本质的洞察力，一方面来自苦
心孤诣的思考，另一方面也来自调查者的学养积累。

有人将调研成果大致分为五个层次：问题探究、原因探究、
路径探究、方法创新和理论创新。不难发现，越往上"进阶"，学
养基础所发挥的作用就越大。

就拿"山两边"调研来说，为了尽量让调研成果向更高层次
"进阶"，调研组是这样要求自己的：我们眼前虽然是苏皖边界的

两个小山村，但心中要有宁夏西海固、湖南十八洞村、江西神山村、四川悬崖村……手中虽然是"山两边"的文献资料，但心里要有毛泽东的《寻乌调查》、陶行知的《中国乡村教育之根本改造》、费孝通的《乡土中国》……为了撰写《苏皖两个相邻山村的岁月嬗变》中"培育'新农人'迫在眉睫"这一节，我们花费两周时间潜心学习，从邓拓的《中国救荒史》到新中国成立后的农业变迁史，从以色列的现代农业发展历程到现今全球农业的发展格局……仅整理的资料就超过100万字，还采访了国内数十位顶级农业专家。

这些经验告诉我们：没有这些知识储备，没有对中国农村问题的深刻洞察，只通过临时抱佛脚的方式，就不可能获得优质的调研素材，也不会得出符合客观实际的结论。

四、撰写调研报告，贵在文字入脑入心

撰写调研报告，是决定调研成功与否的"最后一公里"。

有人认为，调研报告只要深刻即可，无须在文字上下功夫。这种观点显然是不对的。

大道至简，最深邃的思想往往是用最入脑入心的语言叙述出来的。无论是《湖南农民运动考察报告》《中国佃农生活举例》等党史上的经典调查文献，还是《江村经济》等学术调查报告，其

语言表达都有一些共通之处，那就是逻辑严密、平实易懂、干净简练、灵动传神。

新闻界有句名言，好的报道应该是"外行不觉深，内行不觉浅"。为了实现这个目标，"山两边"调研报告力求用凝练传神的文字、生动感人的故事表达深刻观点。

我们主要从以下几方面入手：

一是善用群众语言。调研中，我们让村民现身说法：听村里的年轻人诉说从城市回到家乡面对的种种不适；听种植大户倾诉规模经营中面临的新问题；听阿公阿婆讲述对乡村文化的渴盼……

这些感受，让调研报告中出现大量活色生香的群众语言。我们使用第一人称反映群众声音，把调研对象活生生推到读者面前。譬如，悄悄打听到洪家村种白茶发了财，下吴村村民吴定义的说法是："乖乖呀，绿茶、白茶，一字之差，收益可就差得大了！"满嘴都是嗑儿的茶店老板娘谈起电商，用了一句顺口溜："千里买卖一线牵，买家卖家鼠标连！"谈起邻里之间有点小摩擦，报道引用了村民挂在嘴边的一句谚语"勺子难免碰锅沿"。这些群众的语言，让报道更接地气，也让村民感到"传达的是我们的声音，表达的是我们的内心"。

二是善讲生动故事。调研组秉持这样一个理念：无论写什么题材的文章，都要学会讲故事而不是做报告。因为听生动的故事时，人们会支棱着耳朵；而听乏味的报告时，人们则会昏昏欲睡。

因此，我们在撰写调研报告时，力求摒弃"报告体"，不刻意凑对仗、搞排比，而是用讲故事的方式，让事实说话，将调查结论藏于事实背后，如朋友围炉夜话般促膝谈心、娓娓道来。譬如，在这篇调研报告中有王海清带领全村人艰苦创业的豪情、波折与反思，有吴定义从茶农再到民宿老板的华丽转身，有曹帮清担任农业技术员激起的层层涟漪，还有在外打工的王科回乡定居的心路历程……

因为丰富的故事情节，《苏皖两个相邻山村的岁月嬗变》这篇近2万字的调研报告没有让读者感到枯燥，许多人致书我们，说他们是一口气读完这篇报道的。

三是善展书卷气韵。"言之无文，行而不远。"再精心的调研、再深刻的思考，也要通过灵动的文字来展现。《光明日报》是一份思想文化大报，浓郁的文化味是这张报纸的鲜明特质。这两年，我们一直都在强调"新闻要有文化含量，记者要有人文情怀，报社要有书卷气韵"。

具体到调研报告写作上，我们大力提倡文气、清雅气、书卷气，反对俗气、八股气、粗鄙气。以文气充沛、端庄大气、清新雅致的文字，让读者如饮甘霖、如沐春风，不仅获得思想上的洗礼，还能得到文化上的享受。

基于这个理念，我们在文章中大量使用了散文笔法——

描述自然风光，文章强调了"美"："刚刚下过一阵豪雨，一缕缕丝带般的白云在山间飘来荡去，躲在白云后面的太阳若隐若现，茶树碧绿的叶片上便镀了一层银灰。"

描述建设情况，文章突出了"活"："楼房的倒影扎进了水里，水里便长出了一排楼房。几只调皮的鸭子'嘎嘎'叫着划水而过，于是，水中的楼房颤颤悠悠跳起了舞蹈。"

描述生态农业，文章写出了"真"："一丛丛蒹葭、蒲苇将一汪不大的水塘勾勒出了诗意。浅水处，一只白鹭单腿站立着，对着自己的倒影若有所思。水塘边，几棵硕大的银杏树蓬蓬勃勃织出了一片清凉。"

这些散文化表达，把"硬道理"变成了"软文化"，让文章起到了"润物细无声"的效果。

值得说明的是，不论是善用群众语言、善讲生动故事还是善展书卷气韵，都不是随随便便写就的。撰写过程中，我们发扬"敬惜文字"的传统，像雕琢艺术品一样精心打磨文字。

稿件的撰写历时近3个月，仅颠覆性地"重写"就不下5次。如何让逻辑关系更加顺畅？如何让结构更加清晰？如何让事例取舍更加精当？如何让叙述更加有张力？如何让新闻现场得到高度还原？……在一次又一次重起炉灶的自我颠覆中，稿件也逐渐展露出我们期待的轮廓。

当总体框架终于跨过"及格线"，稿件便进入了"小屋磨稿"阶段。如果说此前的写作只是"写意"勾勒，"小屋磨稿"才是真正的"工笔"描摹。

调研组在办公室里，一个字一个字、一个标点符号一个标点符号地精心打磨——

"'满面春风'，不够精准，再想想，换个词……"

"'喜气洋洋'，意思虽对，但不够雅致……"

"'欢哈嗢噱'，挺贴切，不过，文了点，一般读者搞不明白……"

花费十几分钟，仅对一个词反复推敲，是常有的事。人物性格要凸显、写景状物要贴切、百姓语言要生动、用词炼字要精准、标点符号要到位……一遍一遍地磨，一遍一遍地磨，直到凌晨2点版面付印的最后一刻，调研组还和编辑们精读数遍，对任何有疑问的文字，逐一考辨……

"敬惜文字"四个字，真真切切镌刻在"小屋磨稿"精益求精的过程中。最终，"磨"出了读者的这句评价："这篇调研报告，是真正的富有营养的'文化大餐'。"

近 30 年的调查研究，从发表"山两边"系列调研报告到撰写《山这边，山那边》一书，我们经历了一次又一次认识，实践，再认识，再实践的过程。由此，我们悟出了这样一个道理：事物在不断发展变化，一个典型报道，要实现传播价值的最大化，不要"一篇永逸"。作为时代的观察者、记录者、参与者和推动者，记者的调查研究，永远在路上！

图书在版编目(CIP)数据

山这边,山那边 / 劳罕等著.—合肥:安徽人民出版社,2024.4
ISBN 978 - 7 - 212 - 11739 - 9

Ⅰ.①山… Ⅱ.①劳… Ⅲ.①报告文学—中国—当代 Ⅳ.①I25

中国国家版本馆 CIP 数据核字(2024)第 079209 号

山这边,山那边
SHAN ZHEBIAN SHAN NABIAN

劳 罕 邢宇皓 卢泽华 常 河 著

出 版 人:杨迎会   责任印制:董 亮
责任编辑:陈 娟 李 莉 卢昌杰 黄牧远   装帧设计:刘 俊 陈 爽
责任校对:张 春 佘金锁 黄 灿

出版发行:安徽人民出版社 http://www.ahpeople.com
地　　址:合肥市蜀山区翡翠路 1118 号出版传媒广场八楼
邮　　编:230071
电　　话:0551 - 63533258 0551 - 63533292(传真)
印　　制:安徽新华印刷股份有限公司

开本:710 毫米×1010 毫米   1/16   印张:16.25   字数:157 千
版次:2024 年 4 月第 1 版   2024 年 4 月第 1 次印刷

ISBN 978 - 7 - 212 - 11739 - 9   定价:58.00 元